JN099535

人事データ活用の実践ハンドブック

入江崇介／（株）リクルートマネジメントソリューションズ 編著

園田友樹・仁田光彦・宮澤俊彦・湯浅大輔 著

A Practical Handbook
of HR Analytics

中央経済社

はじめに

　近年，ビジネスの世界では，テクノロジーやデータを活用することで，組織やビジネスのあり方を変容させるデジタル・トランスフォーメーション（DX）への関心が高まっています。それは人事の世界でも同様で，人事業務のデジタル化につながる HR テクノロジー，また人事業務におけるデータ活用である HR アナリティクスやピープルアナリティクスへの関心が高まっています。

　初期投資を抑えて導入することができるクラウドサービスが増えたことで，人事データを蓄積するとともに利用しやすくするタレント・マネジメント・システムの導入や，データを分析するための BI ツールの導入などにチャレンジしている企業も少なくありません。人事データ活用は，以前と比べると確実に進みつつあると感じています。

　一方で，人事データを蓄積しはじめたものの十分に活用できない，またいくつか分析を試みたものの，その結果がうまく活用できないというお悩みを耳にすることも少なくありません。そのようなお悩みに応えるべく，私達は本書『人事データ活用の実践ハンドブック』を執筆しました。

　私達は，適性検査，組織サーベイ，360°評価，教育研修などを提供する企業に所属しています。その中でかねてより，それらのデータをお客様が活用する支援をしてきました。また，データを活用した学術研究も行ってきました。それらを通じ得られたノウハウの一部を本書では読者の皆さんにお伝えします。

　本書は，統計解析などの分析手法をお伝えするものではありません。また，人事データ活用の先進企業の事例集でもありません。人事の実務の中で，「どのような課題を解決するために，どのようにデータを活用できるか。また何に留意すべきか」，その考え方や方法をお伝えするものです。

　なぜならば，そのような考え方や方法を知ることこそが，読者の皆さんがご自身で人事データ活用をする上で大切なことであり，今後新しい取り組みをス

タートする際の応用の起点になると信じているからです。

　本書は主に，これから人事データ活用をスタートしようとされている方，また，一度スタートしたもののなかなかうまく進めることができないと悩んでいる方を対象として執筆しました。ぜひ，人事課題とデータ活用を結びつけるイメージを具体化する架け橋として，本書をご活用ください。

著者を代表して　入江崇介

• 本書で扱う分析例について
　引用が明示されている調査データ等を除き，分析例は本書執筆のために作成したダミーデータにもとづくものであることをご了承ください。

• 商標等の表記について
　統計ソフト等の名称については，®や™を割愛している旨，ご了承ください。

目　　次

第 **1** 章 人事データ活用の概要を把握する

　一言に人事データ活用といっても，その目的，扱うデータ，及び方法は多
岐に渡ります。本章では，人事データ活用の概要と共に，本書の大まかな構
成をお伝えします。人事データ活用の見取り図を頭の中で描く参考として，
ご活用ください。

1　人事データ活用とは

　人事データ活用とは**図表１－１**のように，「組織・人材に関するデータを用
いて，質の高い意思決定やアクションを行う」一連の活動です。
　たとえば，「管理職として活躍する人材の要件を抽出し，昇進・昇格の要件
を見直し，見直し後の要件を見極めるために管理職選考の方法を変える」など
がこの例にあたります。なお，この場合，意思決定やアクションを行うのは，
人事担当や経営層です。人事データ活用というと，このようなイメージを持た
れる方が多いかもしれません。

図表 **1－1**　人事データ活用のイメージ

組織・人材に
関するデータ

意識調査

適性検査

人事評価

研修受講歴

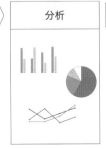
分析

意思決定

アクション

　ただし，人事データ活用の範囲は，それにとどまりません。事前に従業員から使用許諾を得ることが前提となりますが，たとえば，「見やすく整理された社内のさまざまな人材の資格情報や経験情報を確認し，自分のキャリアのロールモデルになりそうな人に声をかける」というケースを考えてください。この場合は，特に細かな分析は行われていません。また，アクションを起こす主体は，ロールモデルを探している個々の従業員です。このようなことも，人事データ活用といえます。

　本書では，「データを分析し，その結果に基づいて人事担当や経営層が意思決定をし，アクションを起こす」タイプの人事データ活用の例を取り扱うことが主になりますが，上記のような人事データ活用の多様性もぜひ頭の隅に留めておいてください。

2　活用できるさまざまなデータと分析アプローチ

　人事データ，すなわち組織・人材に関わるデータは**図表1−2**の通り，多岐

図表 1−2 さまざまな人事データ

組織・人材マネジメントの中で生まれるデータ	
要素	人事データの例
採用	適性検査，エントリーシート…
育成	研修受講履歴，研修後アンケート…
配置	異動履歴，配属先希望…
評価	業績評価，多面評価…
等級	等級履歴，昇格検査…
報酬	月給，賞与…
労務管理	労働時間，休暇取得日数…
組織開発	意識調査，社内イベント参加履歴…
代謝	退職理由，退職年齢…

従業員の日々の業務の中で生まれるデータ	
分類	人事データの例
業務の結果	営業職の売上高，研究・開発職の特許数，製造現場の品質不具合数…
業務のプロセス	日報，メール履歴，アクセス・ログ…

出所：入江崇介（2018）『人事のためのデータサイエンス―ゼロからの統計解析入門―』

図表 1-3　さまざまなデータ利用・分析の方法

アプローチ		具体例
記述的分析	一つ一つ確認する	• 個々人の満足度を確認する • ダッシュボードにして， 　個々人の特徴を多角的に把握する
	要約する， 図表で見える化する	• 男女別の管理職比率を確認する • 年齢別の給与分布をグラフで 　視覚的に確認する
診断的分析	関係性を確認する， 要因解析をする	• ハイパフォーマーの性格特性を 　明らかにする • 高業績職場の職場風土を 　明らかにする
予測的分析	予測する	• エントリーシートの記述内容から， 　自社への適性を予測する • 勤怠実績から，メンタルヘルス不調 　のリスクを予測する
処方的分析	自動的にアクションを起こす	• 自社が求める人材像に近い人材に， 　応募案内メールを送る • スキルテストの結果をもとに，推奨 　研修の案内メールを送る

出所：入江崇介（2018）『人事のためのデータサイエンス―ゼロからの統計解析入門―』

に渡ります。組織・人材マネジメントの中で蓄積されるデータもあれば，日々の従業員の方々の業務の中で蓄積されるデータもあります。

　そして，**図表1-3**の通り，その利用・分析方法も多岐に渡ります。

　これらの人事データと利用・分析方法の組み合わせで，たとえば**図表1-4**の通り，さまざまなアプローチで人事データ活用を行うことが可能で，実際に行われつつあります。

　データ取得の難易度，また，利用・分析方法の難易度によって，相対的に取り組みやすいものもあれば，取り組みが難しいものもあります。後にも述べますが，「難度が高いものが，よいデータ活用」というわけではありません。ぜ

図表 1-4 さまざまなタイプの人事データ活用

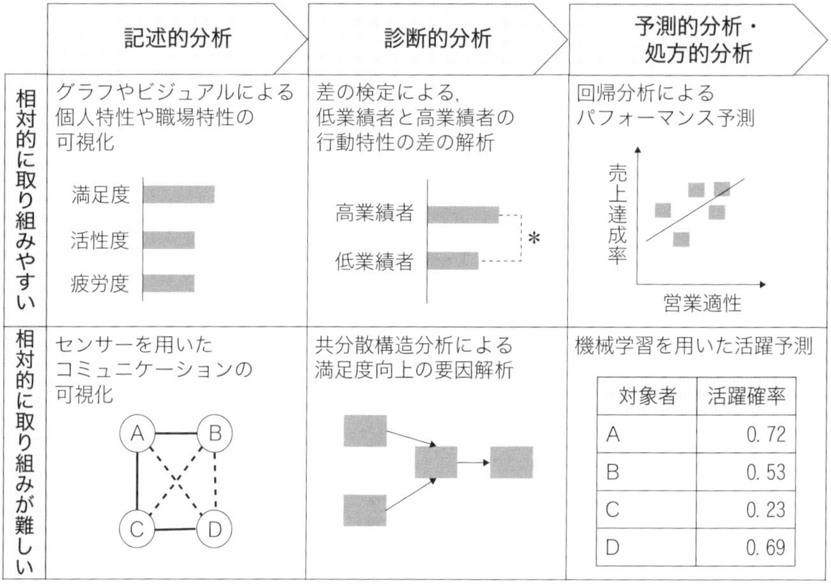

	記述的分析	診断的分析	予測的分析・処方的分析
相対的に取り組みやすい	グラフやビジュアルによる個人特性や職場特性の可視化 満足度 活性度 疲労度	差の検定による,低業績者と高業績者の行動特性の差の解析 高業績者 低業績者　　*	回帰分析によるパフォーマンス予測 売上達成率 / 営業適性
相対的に取り組みが難しい	センサーを用いたコミュニケーションの可視化 A B C D	共分散構造分析による満足度向上の要因解析	機械学習を用いた活躍予測 対象者 / 活躍確率 A　0.72 B　0.53 C　0.23 D　0.69

ひ,「できることからスタートしてみよう」というスタンスで,本書を読み進めてください。

3　人事データ活用の手順

　では,このような人事データ活用は,どのような手順で行うのでしょうか。大まかな流れを整理すると,**図表1-5**のようになります。

　なお,こちらの流れは,あくまでデータ分析を行うことを前提としたものです。たとえば,タレント・マネジメント・システムにより,人材データを蓄積し,その内容を現場の管理職や従業員が使いやすいように可視化する場合は,「⑥統計解析や機械学習の実施」は行われないかもしれません。

　一方で,たとえば「何のためにタレント・マネジメント・システムを導入するのか?」という目的を設定し,タレント・マネジメント・システム上で登録

図表 1-5　人事データ活用の手順

手順	行うことの概要
❶目的・計画の策定	• 何を実現するために分析を行うのかを明らかにする • 実現のために，どのようなアウトプットが必要なのかを明らかにする • 実現には，どの程度のリソースが利用可能なのかを明らかにする
❷必要なデータの洗い出し	• 分析のために必要なデータを明らかにする • データのイメージを具体化する
❸データの収集	• 利用目的に対する同意を得る • すでに蓄積されているデータを収集する • 新たなデータを取得する
❹データの前処理	• データのクリーニング，クレンジングを行う • 複数のソースから収集・取得したデータを統合する
❺データの可視化	• 度数分布や散布図でデータの内容を確認する
❻統計解析や機械学習の実施	• 必要なアウトプットとデータの性質に合わせて，適切な統計解析や機械学習などを行う
❼分析結果を元にした意思決定	• 分析結果を解釈する • 分析結果の活用方法を決定する
❽施策の展開	• 分析結果を現場に共有する • 分析結果を元にした施策を現場に展開する

出所：一般社団法人ピープルアナリティクス＆HRテクノロジー協会（2020）
　　　『ピープルアナリティクスの教科書―組織・人事データの実践的活用法―』

するデータの内容を精査し，現場での活用を推進していくという点において，大きな流れは同様です。特に，「①目的・計画の策定」の部分は重要なので，後の各章で取り扱われる分析例を参考に，ご自身の中で目的・計画を策定するための考え方を深め，レパートリーを増やしていただければと思います。

4　人事データ活用の広がり

　人事データ活用において近年，取り扱うデータや，活用の主体となるユーザーの範囲が広がりつつあります。

　取り扱うデータとしては，人事考課や適性検査などの「組織・人材マネジメントの中で生まれるデータ」だけでなく，スケジューラーのデータなど「従業員の日々の業務の中で生まれるデータ」へと範囲が広がりつつあります。

　活用の主体については，人事担当や経営層だけでなく，現場の管理職，そして現場の従業員個々人と，対象者が広がっています。現場の従業員というユーザーが企業内で体験する価値，すなわちエンプロイー・エクスペリエンスを高めるために人事データを活用していこうというトレンドはこれからも続くと考えられます。

　たとえば，従業員の働き方を捉えるワークスタイル・データを用いて，生産性向上のための示唆を生み出していくこと，あるいは健康リスクの予兆を把握することは，従業員にとっても有効なことであり，今後重視されるものとなるでしょう。

　ただし，もともと組織・人材マネジメントのために取得されているデータではない場合，新たな目的でデータ活用を行うときには，従業員から新たに同意を得ていくことが求められます。そのためにも，「人事データの取得や活用に有効性がある」という認知をますます広げていく必要があります。

　また，これらの領域は，個人情報としての取り扱いを慎重に進める必要があること，データの処理が難しいケースがあること，またユーザーインターフェースの開発が必要なことなどから，現時点では，「有望だが，誰でも簡単に着手できるわけではない」ものといえます。

5　眠っているデータに目を向ける

　前節のようなトレンドの中，人事担当が，人事管理のプロセスの中で蓄積された データを活用することの価値は，これから低下していくのでしょうか。筆者は，これまで同様重要だと考えています。特に，これまで以上に従業員のエンプロイー・エクスペリエンスの視点を大切にしながら，人事管理のプロセスで得られたデータの活用を進めていくことが求められると考えています。

　では，このような目的に使える，あるいは使うべきデータにはどのようなものがあるのでしょうか。たとえば，採用時の適性検査，年に一度の意識調査，能力開発を目的とした360°サーベイ，研修時のアンケートなど，さまざまな人事業務に付随し，取得されてきたデータがそれにあたります。

　もちろん，これらのデータは，ある目的のもとに実施され，活用されてきたものです。しかし，それらのデータは，一度使ったきりになっていることも少なくありません。

　たとえば，適性検査であれば，論理的な思考力や数量的な思考力を測る「能力検査」の部分で応募者の選抜を行うというのは，よくある利用方法です。では，同時に実施されることも多い，「性格検査」の結果は活用されているのでしょうか。

　また，研修時のアンケートであれば，研修ごとに満足度の高低を確認するというのはよくある利用方法です。一方で満足度の高低が何によってもたらされているか，そのような振り返りのためにデータが使われることはあるのでしょうか。

　実は，これらの人事データを活用することで，さまざまな人事施策の質を高めていくことができます。それによって，人事の仕事の効率を高める，投資の効率を高める，また，従業員や求職者の便益を高めるということにつなげることができます。

　本書では，このような「眠っているデータ」の活用を主に取り扱っていきま

す。適性検査にしろ，アンケートにしろ，その時点で従業員の方や求職者の方が労力をかけて回答したものです。また，人事としてもさまざまなコストを払って取得したものです。これらを有効活用することは，関与する全員にとって有用なことといえます。

　なお，組織・人材マネジメントのために取得されたデータとはいえ，個人情報であることには変わりがありません。活用にあたっては，これまでの使用許諾の内容を確認し，場合によっては改めて従業員の方からの使用許諾を取り直すなど，細心の注意を払う必要があります。

6　本書で扱うテーマとデータ

　第2章～第6章では，人事の業務領域ごとにデータ活用の方法を紹介していきます。それぞれの人事業務において，どのような課題があるのか，そして，その課題を解決するためにどのように人事データが活用できるかを整理してい

図表　1－6　各章で主に取り上げる人事データ

	自己評価		他者評価		
	適性検査	アンケート	評価データ	360°サーベイ	アセスメント研修
【第2章】採用	○		○		
【第3章】人材開発		○			
【第4章】昇進・昇格			○	○	○
【第5章】異動・配置	○		○		
【第6章】組織開発		○			

ます。「データ活用ありき」ではなく，人事業務の質，それを通じた従業員や求職者への価値提供，それらを高めるための方法論をまとめています。

　それぞれの章では，いくつかの種類の人事データを用いています。各章で主に扱う人事データは，**図表1－6**のとおりです。

7　それぞれの人事データの特徴

　本書で取り扱う人事データが，個人のどのような特徴を示すものか，大まかな対応を示したものは**図表1－7**です。

　また，本書で扱う人事データがどのようなものか，どのような特徴があるか，簡単にまとめたものが**図表1－8**です。

　それぞれのデータには，特有のクセがあります。分析をすすめる中で，「思ったように分析ができない」，「思ったような結果が出ない」ということもあるか

図表 1－7　本書で主に取り扱う人事データが示す個人の特徴

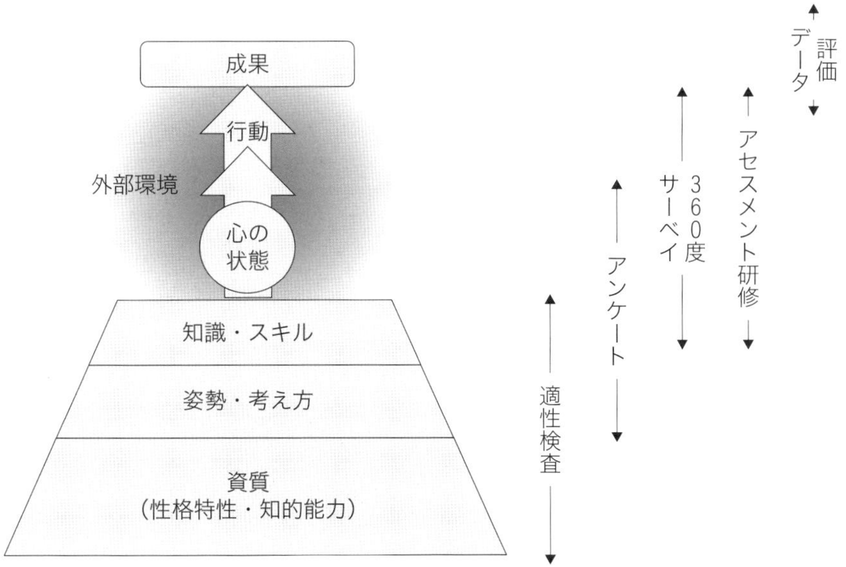

図表 1－8　本書で主に取り扱う人事データの特徴

		どのようなものか？	特徴
自己評価	適性検査	• 能力検査や性格検査	• 主に自己回答によるもの • 主に専門のサービス事業者が提供しているものを利用することが多い • 個別の検査項目は公開されていないことが多いので，分析に用いるのは「外向性」など集計・処理後のスコア
自己評価	アンケート	• 組織サーベイや研修後アンケート	• 専門のサービス事業者が提供しているもの，自社で作成したもの，いずれを利用するケースもある • 手軽に作成できる反面，精度に問題があることもあるので留意
他者評価	評価データ	• 人事考課や能力評定	• 主に対象者の上長1名による評価 • 企業によっては，評価にメリハリがついていないケースもあるため，分析上利用が難しいことがある
他者評価	360°サーベイ	• 上司／同僚／部下など，さまざまな仕事上の関係者からの評価	• 専門のサービス事業者が提供しているもの，自社で作成したもの，いずれを利用するケースもある • 項目間の相関が高くなることもあるため，活用にあたっては注意が必要
他者評価	アセスメント研修	• 擬似的な仕事場面や研修の場面を，専門の評定者（アセッサー）が評価するもの	• 主に専門のサービス事業者が提供しているものを利用することが多い • 評価の客観性が高いが，利用のための費用が割高で限られた対象者にしか実施できないことがある

もしれません。そのときには，たとえば項目間の相関が高くなりやすい360°サーベイであれば，複数の項目を平均して合成指標を作るなど，対処を考えていくことが求められます。

8　さまざまなデータを組み合わせる

　人事データは，単体で分析することでも，さまざまな気づきが得られます。
たとえば，**図表1-9**のような組織サーベイであれば，得点の高低や各選択肢
に対する選択率で，肯定的に評価されていること，あるいは否定的に評価され
ていることの確認ができます。

図表 1-9　組織サーベイの項目を単体で分析した例

	選択肢				
	あてはまらない	やや あてはまらない	どちらとも いえない	やや あてはまる	あてはまる
仕事に創意工夫 の余地がある	10%	20%	20%	30%	20%
仕事の成果が 明確である	20%	40%	20%	10%	10%

→仕事に創意工夫の余地はあるが，仕事の成果は明確ではないと評価されている

図表 1-10　組織サーベイの項目を，属性と組み合わせて分析した例

	部門	選択肢				
		あてはまらない	やや あてはまらない	どちらとも いえない	やや あてはまる	あてはまる
仕事に創意工夫 の余地がある	部門A	10%	20%	20%	30%	20%
	部門B	20%	40%	20%	10%	10%
仕事の成果が 明確である	部門A	20%	40%	20%	10%	10%
	部門B	10%	20%	20%	30%	20%

→部門Aは，仕事に創意工夫の余地はあるが，仕事の成果は明確ではないと評価さ
　れている。
　一方，部門Bは，仕事の成果は明確であるが，仕事に創意工夫の余地がないと評
　価されている。

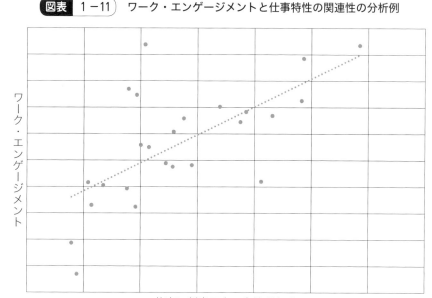

図表 1-11 ワーク・エンゲージメントと仕事特性の関連性の分析例

ワーク・エンゲージメント

仕事に創意工夫の余地がある

→ワーク・エンゲージメントと「仕事に創意工夫の余地がある」ことは，
　一方が高くなれば他方も高くなる正の相関関係にある。

　さらに，たとえば**図表1-10**のように部門などの属性を加えることで，部門ごとに肯定的に評価されていること，否定的に評価されていることの比較ができます。

　あるいは，**図表1-11**のように，仕事に対するポジティブな精神状態であるワーク・エンゲージメントのデータと組み合わせることで，ワーク・エンゲージメントと関連する仕事特性を確認することもできます。

　このように，人事データは単体で活用すること，組み合わせること，それぞれで意思決定やアクションの質を高めるための情報を得ることができます。

　組み合わせのアイディアを豊かに持つとともに，単体でも発見があることを認識し，自社のデータの保有状況に合わせ，できることから着実に人事データ活用を進めることをお勧めします。

9　本書の読み進め方

　本書は，採用，人材開発など，それぞれの人事業務・プロセスごとに構成されています。各章は独立しているため，順番に読み進めていただいても構いませんし，関心のある章を取り上げて読んでいただいても構いません。

　全体を読んでいただくと，業務ごとに特徴的なデータ活用の方法，また，さまざまな業務を横断したデータ活用の方法などが見えてくると思います。ぜひ，一度全体に目を通していただければ幸いです。

　なお，本書では統計解析の手法に関する詳細な説明は割愛しています。統計解析の手法の詳細は，拙著『人事のためのデータサイエンス』や，統計学の入門書などをご確認ください。

第1章のポイント

- 人事データ活用とは，「組織・人材に関するデータを用いて，質の高い意思決定やアクションを行う」一連の活動です。
- 「難度が高いものが，よいデータ活用」というわけではありません。「できることからスタートしてみよう」というスタンスが大切です。
- 「眠っている人事データ」は少なくありません。ぜひ，「データ活用ありき」ではなく，人事業務の質，それを通じた従業員や求職者への価値提供を高めるための活用法のヒントとして，本書を一読ください。

◎本章で参照・引用している文献や情報ソース

入江崇介（2018）．『人事のためのデータサイエンス―ゼロからの統計解析入門―』中央経済社

一般社団法人ピープルアナリティクス＆HRテクノロジー協会（著）・北崎茂（編著）（2020）．『ピープルアナリティクスの教科書―組織・人事データの実践的活用法―』日本能率協会マネジメントセンター

第 2 章 データを活用して採用の PDCA を回す

　採用活動では，さまざまなデータが取得されますが，そうしたデータを具体的にどのような形で活用するとよいかについては，これまであまり整理されてきていません。そこで本章では，採用における人事データ活用について，具体例を中心に活用上のポイントをご紹介します。

1　人事における採用とデータ活用

⬤ 採用活動の定義

　採用活動にはさまざまな定義があります。服部・矢寺（2018）によると，「日本において採用活動とは，外部労働市場から人的資源を獲得するために，人材を募集し，選抜する一連のプロセスとして捉えられている」と表現されています。採用活動の目的は，外部の労働市場から人的リソースを調達することであるというのは，どの企業においても共通であると考えられますが，採用活動のプロセスは，企業や対象者（新卒・中途など）によってさまざまです。ただ，広い意味では，認知・母集団形成に始まり，採用選考，そして内定・入社までを含めたプロセスに集約されるといえます。

⬤ 採用成功の要因

　近年，日本において人材獲得が難しい時代になってきているといわれています。中村（2020）では，その背景として「人口減少」と「企業が人材に求める要件の高度化」をあげています。少子高齢化により働き手となり得る人材の絶対数自体が減少している上，テクノロジーの進展やグローバル・ビジネスの拡

24

大により企業が求める人材が高度化しており，それらを牽引する人材の不足も鮮明になっています。こうした状況下で採用に苦労する企業がある一方で，採用成功企業も存在しています。採用成功企業といわれる企業の特徴とはどういうところにあるのでしょうか。

中村（2017）では，企業を新卒，中途，有期雇用採用の比率で分類（新卒採用メイン，中途採用メイン，有期雇用採用メイン）した上で，採用成果があがっている企業とあがっていない企業の採用施策を比較しています。すべての分類において20ポイント以上差がついているのは**図表2－1**で示されている3項目です。すべての採用分類に共通して，「採用市場において勝つためのプランニングができている」という項目で，最も大きな差があらわれています。また，「採用活動におけるPDCAサイクルは十分に機能している」が中途採用メイン・有期雇用メイン企業では2番目，新卒採用メイン企業では3番目に差が

図表 2－1 採用成否と採用施策の関係（％：複数選択形式）

	新卒採用メイン			中途採用メイン			有期雇用メイン		
	採用成果があがっている	採用成果があがっていない	差	採用成果があがっている	採用成果があがっていない	差	採用成果があがっている	採用成果があがっていない	差
採用市場において勝つためのプランニングができている	59.5	7.5	52.0	51.4	4.8	46.6	50.0	10.0	40.0
採用活動における社内の協力体制は十分である	77.7	40.7	37.0	64.9	36.5	28.4	64.1	40.0	24.1
採用活動におけるPDCAサイクルは十分に機能している	55.1	20.0	35.1	56.6	14.5	42.1	48.7	12.5	36.2

出所：中村（2017）より，すべての分類において20ポイント以上差がついている3項目を抜粋して筆者が作成

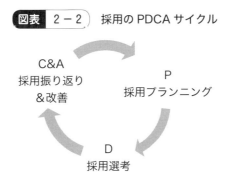

図表　2－2　採用のPDCAサイクル

大きな項目でした。

　この結果を踏まえると，採用においてはPDCAを回すことが，成功の重要な要因であることがわかります。本章では，採用PDCAを，採用プランニング（P），採用選考（D），採用振り返り＆改善（C&A）と表現し，各プロセスが循環的に接続されているという意味で，**図表2－2**のようなPDCAサイクルをイメージしながら，話を展開していきます。

● 採用における人事データ活用

　採用活動では，そのプロセスの中で比較的多くのデータが取得されます。**図表2－3**は採用活動場面で一般的に取得されるデータ例を整理しています。各選考プロセスにおいて，多種多様なデータが取得されることがわかります。さらに，採用活動においては，それらのデータがExcelや採用管理システムなどで管理されている場合も多いです。比較的整理された状態で多様なデータを取得できる採用活動は，人事の中でもデータ活用を通じたPDCAサイクルを回しやすい領域ということができます。

　一方で，実際に着手するとなると，どのような形でデータ活用するのかについて，具体的な手法を述べている文献は意外と少ないという現状があります。そのため，本章では採用PDCAを回すための人事データ活用の実践例とポイントについて，簡単に整理をしてみたいと思います。内容を整理するにあたっ

図表 2−3 選考プロセスと取得されるデータ例

	選考プロセス例	得られる代表的なデータ
母集団形成	エントリー	エントリー元となる，求人サイトなどの採用媒体情報
	インターンシップ	インターンシップへの参加有無や時期，満足度などのアンケート結果
	説明会	説明会への参加有無や時期，満足度などのアンケート結果
選考	履歴書	氏名，性別，住所，学歴・職歴，資格などの情報
	エントリーシート	志望動機，学生時代に頑張ったことなどのテキスト情報
	適性検査	能力・性格・適性などの数値情報
	採用面接	各選考の評価や合否情報，辞退情報，評価を担当した従業員情報
内定	内定	内定承諾・辞退情報

ては，すでにデータが手元にあり，比較的活用イメージがつきやすいと考えられる「採用振り返り＆改善（C&A）」を起点としています。「採用振り返り＆改善（C&A）」場面における人事データ活用を手始めとして，「採用プランニング（P）」，「採用選考（D）」の順に内容を整理していきます。

2 「採用振り返り＆改善」におけるデータ活用

◯「採用振り返り＆改善」の観点

　採用活動はシンプルにいうと「欲しい人材」を「必要数」確保する活動といえます。そう考えると，採用振り返りでは，「欲しい人材（質）」が「必要数（量）」確保できているかということを，選考プロセスごとに振り返ることが重要になります。選考プロセスの振り返りにおいては，何のため（目的）に，ど

図表 2－4　選考プロセスの「振り返り＆改善」観点例

選考プロセス	目的 （何のために）	比較軸 （どういう軸で）	対象データ （何のデータを）	次年度の改善観点
母集団形成	母集団形成がうまくいっているかを検討する	年度別	• 適性検査データの平均値	• 母集団形成施策全体の見直し
	有効な採用媒体を検討する	採用媒体別	• 説明会やインターンシップの参加率 • 内定者の含有率 • 適性検査データの平均値	• 次年度の採用媒体の見直し
	有効な母集団形成施策（ex. 説明会やインターンシップ）を検討する	母集団形成施策別	• 選考活動への参加率 • 内定者の含有率 • 満足度の平均値 • 適性検査データの平均値	• 母集団形成施策のコンテンツの見直し • 母集団形成施策の時期の見直し • 母集団形成施策の実施有無の見直し
選考	選考プロセス全体の合格率が適切かどうかを検討する	選考プロセス別	• 選考プロセスごとの合格率 • 選考プロセスごとの辞退率	• 選考への呼び込み人数の見直し • 選考後のフォロー施策の見直し
	面接の見極めができているかどうかを検討する	各段階の面接合否別	• 適性検査データの平均値	• 面接者研修の導入・見直し • 採用要件や評価基準の見直し
	各面接者の選考での見極めが機能しているかどうかを検討する	面接者別	• 合否ごとの適性検査データの平均値	• 面接者研修の導入・見直し • 採用要件や評価基準の見直し • 面接者へのフィードバック
内定	内定承諾者の質を検討する	年度別	• 面接評価の平均値 • 適性検査データの平均値	• 採用選考全体の見直し
		承諾／辞退別	• 面接評価の平均値 • 適性検査データの平均値	• 動機づけ施策の検討

ういう軸（比較軸）で，何のデータ（対象データ）を確認するかが重要です。**図表2－4**は選考プロセスの振り返り観点例となります。こうした振り返りの内容は，次年度の選考プロセスの改善を検討する際，起点となる重要な情報となります。

▢ 量的な観点での振り返り

　量的な観点での振り返りは，各選考プロセスにおける人数が，採用の計画値に沿って推移しているかの確認を行うことが基本となります。この際，計画値や実績値の人数，割合を比較するだけでも，振り返りとしては十分に機能します。**図表2－5**のサンプルのような選考プロセス，計画値，実績値の推移を確認してみましょう。たとえば，網掛けをしている箇所に注目してみると，**図表2－6**のような要因仮説が立てられます。こうしたシンプルな比較でも多くの情報を得ることが可能です。

　さらに，属性を掛けあわせて同様の集計を行うと，より要因仮説が具体化されます。たとえば，内定承諾率が低い要因を検討するため，会社説明会の参加／不参加と内定承諾／辞退を掛けあわせた集計を行ってみましょう（**図表2－7**）。

　内定者を対象としているため人数は少ないものの，結果的に内定承諾者のうち67％が会社説明会に参加しており，一方で内定辞退者のうち75％が会社説明会に参加していないことがわかります。それによって，会社説明会に参加している人は最終的に内定承諾を行う可能性が高く，不参加の人は最終的に内定辞退を行う可能性が高いという仮説を立てられます。

　人事や面接者の実感値だけでなく，こうしたデータから得られる情報を踏まることで，振り返りの精度が上がり，次期に向けての改善点がシャープになります。時には実感値とデータから得られる情報に乖離があることもありますが，その乖離の理由を確認していくことで，新たな発見が得られることもあります。

　このように，量的な観点での振り返りでは，採用計画値に沿って，人数や割合を比較するというシンプルなデータ活用でも十分有効な情報が得られます。

図表 2-5　各選考プロセスにおける計画値と実績値の比較例

選考プロセス			計画値 人数	計画値 割合	実績値 人数	実績値 割合	実績値-計画値（差分）人数	実績値-計画値（差分）割合	割合の説明	
母集団形成	プレエントリー数		5,000		6,000		1,000			①
	会社説明会参加		1,000	20%	900	15%	-100	-5pt	会社説明会参加者／プレエントリー数	②
選考	エントリーシート	提出	1,500	30%	1,400	23%	-100	-7pt	エントリーシート提出者／プレエントリー数	
		合格	1,400	93%	1,350	96%	-50	3pt	エントリーシート合格者／エントリーシート提出者	
	適性検査	受検	1,350	96%	1,300	96%	-50	0pt	適性検査受検者／エントリーシート合格者	
		合格	650	48%	620	48%	-30	0pt	適性検査合格者／適性検査受検者	
	1次面接	予約	470	72%	465	75%	-5	3pt	1次面接予約者／適性検査合格者	
		参加	400	85%	380	82%	-20	-3pt	1次面接参加者／1次面接予約者	
		合格	150	38%	190	50%	40	12pt	1次面接合格者／1次面接参加者	③
	2次面接	予約	130	87%	160	84%	30	-3pt	2次面接予約者／1次面接合格者	
		参加	125	96%	150	94%	25	-2pt	2次面接参加者／2次面接予約者	
		合格	40	32%	50	33%	10	1pt	2次面接合格者／2次面接参加者	
	最終面接	予約	35	88%	40	80%	5	-8pt	最終面接予約者／2次面接合格者	
		参加	30	86%	35	88%	5	2pt	最終面接参加者／最終面接予約者	
		合格	15	50%	14	40%	-1	-10pt	最終面接合格者／最終面接参加者	
内定	内定承諾		10	67%	6	43%	-4	-24pt	内定承諾者／最終面接合格者	④

図表 2－6 比較例から考えられる要因仮説例

事実	要因仮説例
①プレエントリー数は計画値と比べて1,000名多い	プレエントリーは多いが，会社説明会への流入が少ない。広報から説明会への接続がうまくできていない可能性がある。
②会社説明会参加者は計画値と比べて100名少ない	
③一次面接の合格率が計画値と比べて高い	一次面接の見極めが甘くなっている可能性がある。
④内定承諾率が計画値と比べて低い	採用選考を通じてうまく動機づけができていない可能性がある。

図表 2－7 属性の掛けあわせ集計例

		内定承諾（人数）		内定承諾（割合）	
		承諾者	辞退者	承諾者	辞退者
会社説明会	参加	4	2	67%	25%
	不参加	2	6	33%	75%
	合計	6	8	100%	100%

　さらに属性を掛けあわせて集計を行うことによって，解釈を深めることが可能となり，次期に向けての改善ポイントを明確にすることができます。

○ 質的な観点での振り返り

　質的な観点での振り返りでは，「今年の内定者はいいね！」といった，面接者や人事担当，経営陣の実感値を参考にするケースがよく見られます。こうした実感値による振り返りだけではなく，データを活用した振り返りができると次期に向けての改善ポイントがシャープになります。データを活用した質的な振り返りにおいては，「人材の質」をデータとしてどのように定量化するか，

がポイントとなります。一般的な採用選考において,「人材の質」を示すデータおよびデータによる比較例としては以下のようなものが考えられます。

〔「人材の質」を示すデータ例〕

保有資格など履歴書データの活用:

大学の専攻,保有資格,またコンペティションでの受賞経験など,人材の知識やスキルを表すデータを用いて,人材の質を確認することができます。たとえば,「今年は,例年に比べて理系専攻の応募者が多い」といった振り返りができます。

面接評価データの活用:

面接評価のデータを「人材の質」を表すデータとして利用することが可能です。たとえば,内定者を年度別に面接評価データの平均値で比較することにより,前年より評価の高い人材が集まっているかどうかを確認することができます。

適性検査データの活用:

人物特徴をデータとして可視化しているという点で,「人材の質」の定量化と相性のよい情報です。面接評価データは,面接者の好みやスキルなど評価者による誤差の影響が少なからずありますが,適性検査はそうした影響を受けません。その他にもいくつかのメリットが考えられます(**図表2－8**)。

〔「人材の質」データの比較例〕

選考プロセスごとの比較:

人材の質を表すデータについて,応募者全員,一次面接合格者,一次面接不合格者,内定承諾者,内定辞退者など,各選考プロセスにおいて注目したい人材の質の特徴を捉えることが有効です。

年度別の比較：

応募者の傾向に変化はあるのか，内定者のタイプに変化はあるのかなどを
把握するためには，年度別の傾向を比較することが有効です。

図表 2 − 8 適性検査データ活用のメリット

メリット	説明
測定誤差の少なさ	面接評価データなどと比べて，人的な測定誤差（ex. 評価者目線のばらつき）の影響を受けづらい。
比較のしやすさ	基本的にはある母集団を前提とする得点となっていることが多く，得点水準が安定していて比較がしやすい（ex. 経年でのデータ比較が可能）。
解釈のしやすさ	人材像に紐づくようなデータであり，分析結果の解釈がしやすい（ex. フットワークがよい人が評価が高い）。

○ 適性検査データを用いた採用の振り返り

図表2 − 4でも示している通り，適性検査の得点の平均値を目的に応じた群
別に比較するだけでも質の観点で振り返りが可能となります。たとえば，一次
面接の合否別に適性検査データの平均値，標準偏差（ばらつき）を比較し，表
や折れ線グラフで可視化したのが**図表2 − 9**です。なお，一次面接の合格者と
不合格者のように独立した2群の比較では，「対応のないt検定」を行うこと
によって，差の有無が統計的に有意かを検定することが可能です。

今回の例でいうと，複数の尺度で比較的大きく，かつ統計的に有意な差が確
認されます（網掛け箇所参照）。全体的に積極的な性格特性をもった人のほう
が一次面接で合格しているように見えます。もし今回の結果が，一次面接で確
認したい評価ポイントに沿った内容であれば，見極めがうまく機能していると
考えられます。一方，結果の納得感がない，または，差自体が全く出ていない
場合は，面接の見極めが機能しているかどうかを確認してみてもよいでしょう。

また，2020年の新型コロナウイルスの流行もあり，WEB面接を導入する企

図表　2-9a　適性検査データを用いた選考合格―不合格群の比較例（表）

尺度	尺度説明	合格者 150名		不合格者 250名		平均値差	t検定
		平均	標準偏差	平均	標準偏差		
社会的内向性	対人面での積極性，社交性	43.5	8.1	49.2	7.7	-5.7	＊＊
内省性	物事を深く考えることを好む傾向	53.2	9.7	54.7	8.9	-1.6	
身体活動性	体を動かし，気軽に行動することを好む傾向	53.6	9.2	47.7	9.2	5.9	＊＊
持続性	粘り強く，コツコツと頑張り抜く傾向	54.5	9.4	51.2	10.2	3.2	＊＊
慎重性	先行きの見通しをつけながら，慎重に物事を進めようとする傾向	49.6	11.2	52.1	10.4	-2.5	＊
達成意欲	大きな目標を持ち，第一人者になることに価値をおく傾向	54.7	8.0	51.3	8.5	3.4	＊＊
活動意欲	行動や判断が機敏で意欲的な傾向	51.1	10.5	48.1	9.8	3.0	＊＊
敏感性	神経質で，周囲に敏感な傾向	46.0	9.3	50.1	8.3	-4.0	＊＊
自責性	不安を感じたり，悲観的になりやすい傾向	45.9	9.2	50.0	8.5	-4.1	＊＊
気分性	気分に左右されやすく，感情が表にあらわれやすい傾向	45.3	8.6	46.0	8.8	-0.7	
独自性	独自のものの見方・考え方を大切にする傾向	48.5	9.6	49.3	9.8	-0.8	
自信性	自尊心の強さや強気な傾向	55.0	8.9	50.4	8.1	4.6	＊＊
高揚性	調子のよさや楽天的な傾向	52.0	8.5	48.9	9.5	3.1	＊＊
従順性	強い意思をもたず人の意見や判断に従おうとする傾向	53.0	9.4	53.8	8.9	-0.8	＊＊
回避性	人との対立やリスクのあることを避けようとする傾向	46.2	9.8	49.5	9.0	-3.3	＊＊
批判性	問題意識が強く自分と異なる意見に対して批判的な傾向	50.2	9.5	48.6	9.5	1.6	＊＊
自己尊重性	自分の考えや思いに沿って物事を進めようとする傾向	50.8	10.7	49.6	10.1	1.3	＊＊
懐疑思考性	警戒心が強く人との間に距離を置こうとする傾向	42.7	11.0	47.5	10.1	-4.8	＊＊

※小数点第2位以下を四捨五入して表記

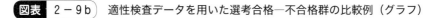

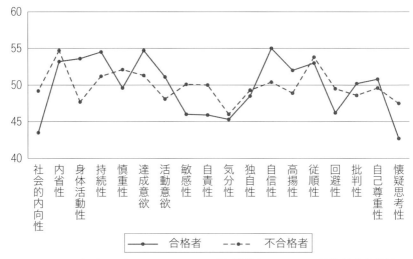

図表 2－9b 適性検査データを用いた選考合格―不合格群の比較例（グラフ）

凡例：
——— 合格者　　- - ◆ - - 不合格者

（縦軸目盛り）60／55／50／45／40

（横軸項目）社会的内向性／内省性／身体活動性／持続性／慎重性／達成意欲／活動意欲／敏感性／自責性／気分性／独自性／自信性／高揚性／従順性／回避性／批判性／自己尊重性／懐疑思考性

※リクルートマネジメントソリューションズが提供する SPI 3 の性格尺度を使用
※性格尺度の得点は20点～80点の偏差値で表示
※図表 2 － 9 a では，平均値差 ± 3 を超えるものに網掛け
※図表 2 － 9 a では，t 検定について，＊＊ 1 ％水準有意，＊ 5 ％水準有意（1 ％水準有意のほうが，より差があることが確からしい）と表記

業も増えてきています。選考手法を変えた場合の振り返りとして，経年での比較も有効です。たとえば，一次面接を対面から WEB 面接に切り替えた場合，前年の対面での一次面接の合格者と今年の WEB 面接での一次面接の合格者を適性検査データによって比較することで，前年と同じように見極めが機能しているかなど，検討することが可能です。

○ 採用振り返りにおいて適性検査データを用いる場合の注意点

適性検査データを用いて採用振り返りをする場合，「選抜効果」に注意が必要です。たとえば，適性検査データを一次選抜に用いている場合，選抜基準以上の得点をもった人しかその後の選考には残らなくなります。こうした場合，その後の選考合否別の平均値比較をしても大きな差が確認しづらいケースもあ

図表　2－10　適性検査の品質で押さえるべきポイント

適性検査の品質で最低限 押さえるべきポイント	詳細
信頼性	検査としての確からしさ，安定性を示す ex. 何度受検しても結果が安定している
妥当性	尺度として適切か，妥当なものかを示す ex. 人事評価との関連性が確認されている
標準性	一定の基準で受検者を相対的に比較できるかを示す ex. 豊富なデータ数を元に，基準母集団と比較した相対 的な得点がわかる

ります。結果を解釈する際には，こうした観点も考慮に入れながら，注意して行う必要があります。

　また，当たり前ではありますが，適性検査自体の質が重要となります。適性検査は科学的なプロセスを経て開発されたツールとして，一般的に**図表2－10**のような観点で品質が確認されています。それぞれの観点における指標値も定義されているため，適性検査データ活用にあたっては最低限，図表2－10の観点で適性検査の品質を確認した上で，ご利用いただくことをおすすめします。なお，経年比較を行う場合，「社会人一般」のような一定期間安定した比較基準をもとに得点が解釈できる（年度が異なっても，たとえば50点は同じ50点として扱える）「標準性」の質が高い適性検査の利用をおすすめします。

3　採用プランニングにおけるデータ活用

◯ 採用プランニングの観点

　採用計画は基本的には企業における事業戦略や人員計画を元に設計されますが，多くの場合前年の採用振り返り＆改善の結果を踏まえて，次年度の採用プランニングをするケースも多いのではないでしょうか。そのため，採用プラン

ニングにおいても，採用振り返りと同様に，量的，質的な観点でのデータ活用
について整理をしていきます。

● 量的なプランニング

　採用における必要数は，欠員補充を目的とした中途採用などにおける数名単
位の採用の場合もあれば，大手企業の新卒採用のように毎年数百名単位の人数
を採用する場合もあります。採用における必要数は，基本的には事業における
人員計画を元に決めるものです。量的なプランニングにおいては，こうした必
要数に対して，各選考プロセスにおける合格率や辞退率の想定をおき，各選考
プロセスにおいて必要な母数を決めていきます。合格率や辞退率の目安を決め
る際には，過去の採用時データの活用が有効です。採用振り返り＆改善時に確
認しているデータを踏まえ，次年度の環境変化を加味しながら次年度の計画値
を設定していくことになります。

　採用プランニングにおけるデータ活用に限った話ではありませんが，採用に
おける過去データのストックはデータ活用を推進する上で，非常に重要です。
一方で，注意が必要となってくるのが，データの扱いについてです。採用選考
時に応募者から取得したデータを活用する想定であれば，選考応募者に対して，
取得データの活用目的についての許諾を事前にとっておく必要があります。
データ活用にまつわるこうした留意点については第7章「人事データ活用にお
ける留意点」に詳しく記載しておりますので，ご参照ください。

● 質的なプランニング

　採用における質的なプランニングは，一般的に採用要件の明確化というテー
マで語られます。量的なプラニングは多くの企業で取り組まれているようです
が，一方で質的なプランニング，採用要件の明確化は本格的に取り組むとなる
と，取り組み難度も高く，敬遠されがちなテーマとなっています。採用要件の
明確化は，たとえば**図表2−11**のような枠組みで情報収集を行った上で行いま
す。今回は，データ活用というテーマで，比較的着手が容易な例ということで，

「定量情報×現在視点」で取り上げられている，適性検査データを用いた採用要件の明確化についてご紹介します。

図表 2-11　採用要件の明確化における情報収集観点

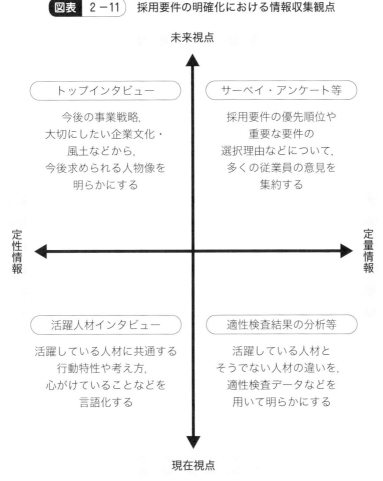

◯ 適性検査データを用いたハイパフォーマー分析

「定量情報×現在視点」から，採用要件の明確化を行う場合，よく行われるのが，適性検査データを用いたハイパフォーマー分析です。具体的には，**図表2－12**のように社内のハイパフォーマーとその他社員（パフォーマンスが芳しくない社員など）の適性検査データを比較することで，ハイパフォーマーの人物特徴を明らかにし，採用要件として設定するという手法です。

パフォーマンスと関連する要素を明らかにしたい場合は，両群の平均値差の比較だけでも十分に特徴を抽出することが可能です。2群の比較では「対応のないt検定」，3群以上の比較を行う場合は「対応のない1要因の分散分析」を行うことによって，差の有無の統計的な有意性の検定も可能となります。さらに，ハイパフォーマーを"1"，その他社員"0"などの数値に置き換えて，相関分析を用いるのも有用です。

また，関連する要素を明らかにするだけでなく，適性検査データを用いて，個人別のハイパフォーマー適性を予測したい場合は，たとえば回帰分析という手法を用いることも可能です。回帰分析は，「1つまたはそれ以上の変数が，ある1つの変数を説明している」というモデルを立て，回帰式という式を推定する方法です（**図表2－13**）。推定された回帰式を用いることで，個人別のハイパフォーマー適性を求めることができます。

やや小難しいように見えますが，Excelなどでも簡単に実施することができます。ただし，回帰分析を行う場合は，説明変数同士の相関が高い場合に推定を不安定にしてしまう多重共線性などの留意するべき事項もあるため，詳細は拙著『人事のためのデータサイエンス』などで注意点をご確認ください。

◯ ハイパフォーマー分析にあたってのポイント

ハイパフォーマー分析にあたっては，いくつかポイントがあります。1つ目は，ハイパフォーマーの定義のおき方です。一般的には昇進・昇格スピードや人事考課などの人事データを用いるケースが多いのですが，特に人事考課デー

図表 2-12　2群の平均値差の比較と相関分析のアウトプット例

職務への適応性	説明	業績上位25% 115名		業績下位25% 115名		平均値差	t検定	相関係数
		平均	標準偏差	平均	標準偏差			
対人接触	多くの人と接する仕事	3.53	1.02	2.87	1.03	0.66	＊＊	0.31
対人折衝	人との折衝が多い仕事	3.52	1.12	2.74	1.04	0.78	＊＊	0.34
集団統率	集団を率いる仕事	3.69	1.04	2.88	0.98	0.81	＊＊	0.37
協調協力	周囲と協調しあって進めていく仕事	3.35	1.07	3.37	1.02	-0.02		-0.01
サポート	人に気配りしサポートする仕事	3.59	1.08	3.60	1.09	-0.01		0.00
フットワーク	活動的でフットワーク良くすすめる仕事	3.45	1.05	2.75	0.94	0.70	＊＊	0.33
スピーディー	てきぱきとスピーディーにすすめる仕事	3.36	1.06	2.86	0.87	0.50	＊＊	0.25
予定外対応	予定外のことがらへの対応が多い仕事	3.34	1.09	2.70	1.01	0.63	＊＊	0.29
自律遂行	自分で考えながら自律的にすすめる仕事	3.26	1.08	2.64	0.91	0.62	＊＊	0.30
プレッシャー	目標や課題のプレッシャーが大きい仕事	3.42	1.06	2.84	1.03	0.57	＊＊	0.26
着実持続	課題を粘り強く着実にすすめる仕事	3.10	0.92	3.03	0.94	0.08		0.04
前例ない課題	前提のないことに取り組む仕事	3.19	1.19	2.61	1.01	0.58	＊＊	0.26
企画アイデア	新しい企画やアイデアを生み出す仕事	2.39	1.13	2.03	1.00	0.36		0.16
問題分析	複雑な問題を考え分析する仕事	2.16	1.08	1.97	0.96	0.18		0.09

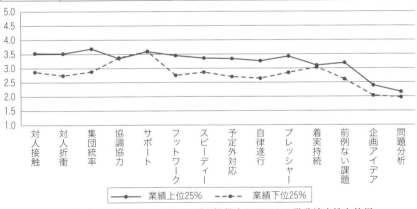

※リクルートマネジメントソリューションズが提供する SPI 3 の職務適応性を使用
※小数点第2位以下を四捨五入して表記
※職務適応性の得点は1点〜5点
※平均値差±0.5を超えるものに網掛け
※t検定：＊＊1％水準有意　＊5％水準有意（1％水準有意のほうが，より差があることが確からしい）

図表 2-13 回帰分析のアウトプットのイメージ（Excel の場合）

概要

回帰統計	
重相関 R	0.41
重決定 R2	0.17
補正 R2	0.16
標準誤差	0.46
観測数	230

分散分析表

	自由度	変動	分散	観測された分散比	有意 F
回帰	2	9.81	4.91	23.36	0.00
残差	227	47.69	0.21		
合計	229	57.50			

	係数	標準誤差	t	P-値	下限95%	上限95%	下限99.0%	上限99.0%
切片	-0.22	0.11	-1.98	0.05	-0.43	0.00	-0.50	0.07
集団統率	0.13	0.03	4.04	0.00	0.06	0.19	0.05	0.21
フットワーク	0.10	0.03	2.99	0.00	0.03	0.16	0.01	0.18

※平均値差，相関分析結果，各職務への適応性の尺度間相関を踏まえ，「集団統率」「フットワーク」の2変数を用いて，ハイパフォーマーがどの程度予測できるかについて回帰分析を用いて確認した例

タを用いる場合，注意が必要なのが年次です。会社によって，若手のうちから明確に評価が分かれるような企業もあれば，そうではない企業もあります。どのくらいの年次の層をハイパフォーマーのターゲットとして分析を行うかがポイントとなります。

図表 2−14 人事考課と適性検査の相関係数の解釈の目安

相関係数	解釈
〜0.1	ほとんど相関はない
0.1〜0.2	やや相関がある
0.2〜0.3	相関がある
0.3〜	かなり相関がある

　2つ目は、人事データにおける結果解釈の仕方です。適性検査データと人事考課などとの相関係数は、過去のさまざまな研究結果を踏まえて、一般的に0.1〜0.2あればやや高い、0.2以上あれば高いといわれています（**図表2−14**）。この基準は、人事領域の他のデータ、あるいはマーケティングなど他分野のデータを用いて相関分析をしたことがある方からすると、かなり低い水準に思われるかもしれません。一般的な数値感覚と異なることを理解した上での解釈が必要となります。

　さらに、集計・分析を行う場合のデータ数にも注意が必要です。本来であれば差がある場合でも、データ数が少なすぎることにより、統計的な有意差が確認できないことがあります。これは本ケースに限った話ではないのですが、特に従業員データを用いて分析を行う場合は、多くのデータを集めるのが困難な場合があります。どの程度のデータ数があれば妥当なのかについて、一概に基準を示すのは難しいのですが、本ケースのような分析を行う場合は、平均値差の比較では最低でも各群20名以上、相関分析や回帰分析を行う場合は最低でも全体で50名以上、可能であれば100名以上の結果があった方が望ましいと考えています。

4 採用選考におけるデータ活用

◐ 採用選考におけるデータ活用のポイント

　採用選考におけるデータ活用のポイントは，振り返りやプランニングを踏まえて，それをどのような形で選考場面に装着するかです。採用選考におけるデータ活用のポイントは，データの可視化と選考の効率化です。

◐ データの可視化

　量的なプランニングで設計したような採用計画を元に，進捗度合いを確認する仕組みづくりが重要になってきます。たとえば，**図表2−15**のような計画値を立てて，進捗を随時可視化できる状態にしておくことで，会社説明会の参加者が少なく，エントリーシートの提出数が少なくなってしまうかもしれないということを予測することが可能となります。この場合，会社説明会終了時点で，追加の母集団形成施策を検討することができます。計画値の可視化およびタイムリーな進捗確認を行っておくことで，計画値との差分の情報を元にして，都度打ち手を検討することができます。

◐ 採用選考の効率化

　採用における課題の1つに選考の効率化があります。特に，日本で多い新卒一括採用の場合，短期間で選考をすすめる必要があり，応募者を効率的に選抜していくことが求められます。すべての人に会って面接ができれば望ましいかもしれませんが，現実問題として難しいことが予想されます。そうした際に，エントリーシートや適性検査の結果などを元に一次選考を行います。

　適性検査を利用する場合は，能力適性や，性格適性などを活用した自社適性指標の基準値を設定することで，自社で活躍する確率の高い人材を選抜することが可能となります（**図表2−16**参照）。採用振り返りで見えてきた自社の合

図表 2－15 採用選考におけるプロセスデータの可視化例

選考プロセス			計画値		実績値		実績値－計画値（差分）		割合の説明
			人数	割合	人数	割合	人数	割合	
母集団形成	プレエントリー数		5,000		6,000		1,000		
	会社説明会参加		1,000	20%	900	15%	-100	-5pt	会社説明会参加者／プレエントリー数
選考	エントリーシート	提出	1,500	30%					エントリーシート提出者／プレエントリー数
		合格	1,400	93%					エントリーシート合格者／エントリーシート提出者
	適性検査	受検	1,350	96%					適性検査受検者／エントリーシート合格者
		合格	650	48%					適性検査合格者／適性検査受検者
	1次面接	予約	470	72%					1次面接予約者／適性検査合格者
		参加	400	85%					1次面接参加者／1次面接予約者
		合格	150	38%					1次面接合格者／1次面接参加者
	2次面接	予約	130	87%					2次面接予約者／1次面接合格者
		参加	125	96%					2次面接参加者／2次面接予約者
		合格	40	32%					2次面接合格者／2次面接参加者
	最終面接	予約	35	88%					最終面接予約者／2次面接合格者
		参加	30	86%					最終面接参加者／最終面接予約者
		合格	15	50%					最終面接合格者／最終面接参加者
内定	内定承諾		10	67%					内定承諾者／最終面接合格者

図表 2－16 適性検査データを活用した自社適性指標の設定例

職務への適応性	説明	自社適性 （ウエイト）	Aさん 得点
対人接触	多くの人と接する仕事		5
対人折衝	人との折衝が多い仕事		3
集団統率	集団を統率する仕事	1	4
協調協力	周囲と協調しあって進めていく仕事		2
サポート	人に気配りしサポートする仕事		1
フットワーク	活動的でフットワーク良くすすめる仕事	1	5
スピーディー	てきぱきとスピーディーにすすめる仕事		5
予定外対応	予定外のことがらへの対応が多い仕事		3
自律遂行	自分で考えながら自律的にすすめる仕事		5
プレッシャー	目標や課題のプレッシャーが大きい仕事		4
着実持続	課題を粘り強く着実にすすめる仕事		2
前例ない課題	前提のないことに取り組む仕事		4
企画アイデア	新しい企画やアイデアを生み出す仕事		5
問題分析	複雑な問題を考え分析する仕事		5
自社適性得点（加重平均）			4.5

格者の特徴，採用プランニングで見えてきた自社の活躍人材の特徴を踏まえて，自社にとって必要な能力適性や性格適性をおくことで，効率的な選考が可能となります。

　また，近年，テクノロジーの進化により自然言語処理によるテキスト解析でエントリーシートの自動採点を行い，その結果を一次選考に活用するといった事例も出てきています。今後さらなる進化が期待される領域ですが，導入を検討する際には，手法の限界と効能を理解しておくことが重要です。コラムでも記載しておりますので，ご参照ください。

5　第 2 章のむすび

　本章では，採用振り返り＆改善におけるデータ活用を起点に，採用プランニング，採用選考でのデータ活用について，具体例とポイントについてご紹介しました。採用におけるデータ活用は，多くのデータがあるため，さまざまな形で実施が可能です。それゆえ，まずお手元にあるデータを，少しでも実際に活用し始めてみることこそが重要です。本章で示した例は，データ活用を行う上での一例に過ぎませんが，お手元のデータを用いることで比較的着手しやすい事例をご紹介しました。皆さんの採用におけるデータ活用に一歩踏み出すためのヒントになれば幸いです。

コラム　人事データにおける機械学習の適用

　近年，人事向けサービスにも AI や機械学習を適用した機能を謳ったものが多く市場に出回るようになりました。第 2 章本編で記載している採用プランニング場面においては採用管理システムやタレント・マネジメント・システム上で合格・活躍者傾向を自動分析する機能を搭載したサービス，採用選考場面ではエントリーシートのテキスト解析や面接時における映像・音声解析を通じて合否判定をサポートするサービスも存在します。

　その他，入社後領域では配置配属の最適化，斡旋領域では GitHub のようなプラットフォーム上の投稿内容からソフトウェアエンジニアのスキルを予測するなど，さまざまな場面で AI や機械学習を適用した例があります。現在は構造化された人事データに対する活用が始まったばかりですが，今後はより多様な非構造化データ（ワーク・スタイルや健康関連情報など）も扱っていくなど，さらなる発展が期待されます。

　一方で，人事のデータや領域特性から，人の判断を介さずに AI や機械学習の結果のみから判断を行い，施策を実行することの危険性を認識した上で，各種サービスを利用する必要があると考えます。詳細は第 7 章にて触れますが，データ量の少なさや偏り，またセンシティブ情報という特性から，差別助長や

人権侵害の観点で「実害のあるプロファイリング」にあたるとして従業員からの訴訟や外部からの批判にさらされるケースも海外を中心に出てきています。

　対策として，データ取得と目的の同意を適切に行うこと，AIや機械学習結果のブラックボックス化を避け，人間（人事）の解釈を踏まえて説明責任を果たすことができる状態にすること，予測モデルを継続的に改善していくことがあげられます。自社のデータ解析プロセスにAIや機械学習を導入する際には，以上の留意点を踏まえて社内検討を進めることをお勧めします。

第2章のポイント

- 採用成功のポイントは採用PDCAを回すことであり，データ活用が起点となります。
- 採用振り返り＆改善，採用プランニングでは，量的観点，質的観点でデータ活用ができます。
- 質的観点での振り返りやプランニングでは，適性検査のデータを活用することが有効です。
- 採用選考では，採用振り返り＆改善，採用プランニングの結果を踏まえ，「データの可視化」と「選考効率化」の仕組みを装着することが大切です。

◎本章で参照・引用している文献や情報ソース

中村天江（2017）.「新卒・中途・有期雇用　採用成功企業の3つの共通点」『日本の人事部　人事白書2017』p276-277.

中村天江（2020）.『採用のストラテジー』慶應義塾大学出版会

服部泰宏・矢寺顕行（2018）.『日本企業の採用革新』中央経済社

リクルートマネジメントソリューションズ編（2020）.『いまさら聞けない人事マネジメントの最新常識』日本経済新聞出版

第**3**章 データを活用して研修効果を高める

「この研修，5年前からずっと変えていないんですよ。そろそろ見直したほうがいいと思っているのですが，どこからやるといいでしょう」

こういったお話をいただくことも少なくないのですが，研修が定期的なイベントになってしまっており，その効果を十分検証できていないこともあるのではないでしょうか。

そこで本章では，データを活用して研修の効果を検証したり，効果を高めたりするための考え方や方法についてご紹介します。

1 研修を評価する必要性，基軸となる考え方

● 研修で学んだことが実践される割合は10%以下？！

カナダの企業258社で行われた調査によると，研修を受けた従業員のうち47%は研修で学んだ内容をその後に実践すると答えていましたが，1年後に実際に実践したかを調査したところ，9%にとどまっていました（Hugues & Grant, 2007）。

あくまでも一例ではありますが，この調査結果は，その場では受講者は学んだように感じていても，実際にはその後に学びが活用されていない研修も一定数あることを示しています。

では，よい研修であるかをどう評価したらよいのでしょうか。

また，どうしたら研修で学んだことを実践する人の割合を高めることができるでしょうか。

48

◯ 研修をどう評価するか？

　よい研修であるかどうかを判断するための「研修評価」については長らく研究，議論がなされてきました。

　有名なものとしては，カークパトリックの「研修効果測定の4段階モデル」があります（Kirkpatrick, 1959）。このモデルは「反応」「学習」「行動」「成果」の4つの切り口で，研修を評価するというものです。どのような内容かを確認していきましょう（**図表3-1**）。

　まず「反応」は，研修に対して受講者が感じたことを確認するものです。具体的には，研修に対する満足度や，職場で使えそうだと思うかという有用感がここにあてはまります。

　次に「学習」は，研修で学んだことの知識や技術の定着度合いを確認するものです。知識テストや，演習などを通じて技能を実践するテストなどがここにあてはまります。

図表　3-1 　研修効果測定の4段階モデルと各段階の確認方法の例

段階	内容例	手法例	タイミング
反応	・研修満足度	・アンケート	・研修終了直後
学習	・内容理解度 ・習熟度	・テスト ・ロールプレイ ・講師評価	・研修前後 ・研修中
行動	・職場での行動	・アンケート ・インタビュー ※自己評価だけでなく，周囲からみての評価（他者評価）もある	・研修終了数か月後
成果	・業績などビジネスへの影響	・各種評価 ※研修を受講していない人との対比をする方法もある	・研修終了数か月後

　「行動」は，研修で学んだことをその後の職場で活用しているかを確認する
ものです。研修を受けてから数か月後に，本人や上司に対してアンケート調査
を行ったり，インタビューを行ったりすることがここにあてはまります。

　最後に「成果」は，研修で学んだことを通じて，結果としてビジネスインパ
クトにどれだけ結びつけたかを確認するものです。業績や生産性の向上，ある
いは品質改善やムダの削減といった指標がどれだけ変化したかを確認すると
いったことがここにあてはまります。このモデルは，当初は「反応→学習→行
動→成果」というステップで展開すると主張されたものの，実際に検証してみ
ると必ずしもステップにはなっていないといったことから批判を浴びた時期も
ありました。しかし，それぞれの視点は研修の効果を考える上では重要である
こと，またシンプルで使い勝手が良いことから，今日でも広く使われています。
この視点をもって研修を評価するのがひとつの方法です。

◯ 研修評価にとどまらず，研修後の行動につなげる

　では，4つの視点の中でも特に注目すべき視点はあるのでしょうか。結論を
先にいうと，それは「行動」です。以下ではその理由をご説明します。

　先に述べた「研修評価」研究は，近年では研修で学んだことをどうしたら職
場で実践してもらえるか，という視点の研究へと広がりを見せています。

　このテーマは専門的には「研修転移」といい，「研修で学んだことが，仕事
の現場で一般化され役立てられ，かつその効果が持続されること（中原，
2014）」と定義され，1990年頃から研究が積み重ねられてきました（たとえば，
＜Baldwin & Ford, 1988＞，＜Baldwin, Ford, & Blume, 2009＞など）。

　近年，特に増えている研究が「行動」に着目したものです。これは「成果」
に至るまでに必要な要素であるとともに，研修の中だけの学びにとどまらない，
研修と仕事での活用をつなぐものであるためです。

　実際，Powell & Yalcin（2010）は，1952年から50年分の民間企業で行われ
たマネジメント研修の効果について，複数の研究を統合的に分析し，「反応」
「学習」には効果があったものの，「行動」「成果」には一貫した効果が見られ

なかったという結論を出しています。これは言い換えると，研修で学べば「反応」「学習」では一定効果が見られるものの，「行動」につなげるためにはきちんと工夫をする必要があることを示しているとも考えられます。

つまり，研修によって受講者が満足しているかを評価するだけにとどまらず，研修後に学んだことを仕事に活用してもらい，成果につなげていくためには，データを用いてどのような要因で「行動」が起きているかを確認するとともに，それを促進する要因を増やし，阻害する要因を取り除くことが重要だといえます。

2 研修効果を高めるための分析を考える際の2つの視点

ここからは，どのように分析を行っていくとよいかについての考え方をご紹介していきます。分析方法を考える際に意識するとよいことは2点あります。

◯ 視点1：先行研究を参考に

1つは，先行研究を参考にすることです。先に述べたように，研修評価や効果を高めるための研究は増えてきており，効果を高める上で影響があると思われる知見は徐々に蓄積されてきています。それらの知見を参考に，まずは分析をしてみるとよいでしょう。

たとえば，今城（2014）は日本の管理職38社884名を対象に，研修実施直後から2か月後の「行動（＝研修で学んだことの職場での実践）」を調査しています。その結果，研修内容の有用感や，職場での周囲からのフィードバックを通じた変化実感が実践を継続させることを明らかにしています。分析には，変数間の関係を分析する共分散構造分析とロジスティック回帰分析という手法を利用しています。複数の分析結果をまとめると，**図表3－2**のようなメカニズムを確認することができます。

この分析では，「学習到達度」「研修内容適合度」「研修満足度」のいずれも研修後の実践意欲に関係していましたが，なかでも「研修内容適合度」つまり

図表 3－2　研修転移のメカニズム

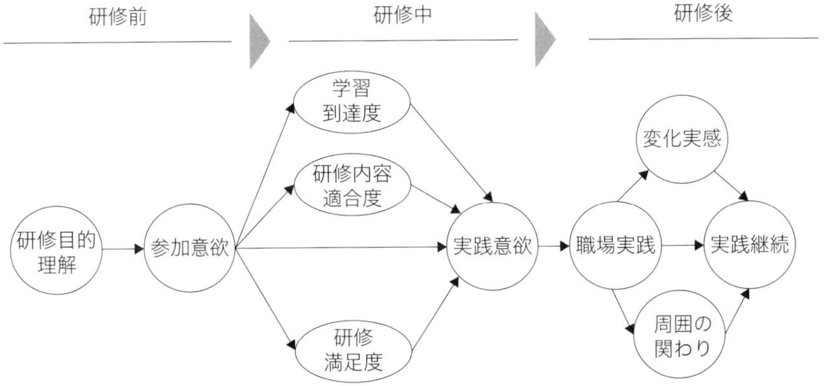

出所：今城（2014）をもとに筆者作成

図表 3－3　研修後の行動を促進する要因

研修前	研修中／研修内容	研修後
• 研修のねらいと受講者の状況との合致 • 受講者本人の問題・目的意識，参加理由の自覚 • 上司の研修目的理解やコミットメント，部下への動機づけ	• 受講者の積極的参加 • 学習内容と受講者のニーズとの合致 • 受講者の職場実態を踏まえた設計 • 受講者にあった講師のアプローチ	• 具体的な行動計画の作成 • 実践の機会や場の存在 • 上司や周囲の理解・支援 • 適切なタイミングでのリマインドや振り返り • 受講者同士での交流や刺激

　研修中に「学んでいることが日々の仕事にも使える」と感じていることが，研修後の実践意欲につながっていることが分かりました。また，「実践継続」には，「周囲の関わり」や「変化実感」が関係していることが明らかになりました。つまり日々のあわただしさに追われていると，ついつい元通りの行動をとってしまいがちですが，周囲から「変わりましたね」というフィードバックがあると，変わっている自信につながったり，さらに変わる必要性を認識することにつながり，研修で学んだことの行動が継続したりするというメカニズム

が見えてきます。

　その他にも，研修後の行動を促進する要因として報告されているものには**図表３−３**のようなものがあります。分析をする観点例としてご活用ください。

● 視点２：改善できそうな要素であるかも意識して

　もう１つは，分析結果を踏まえてどのような改善ができそうかを先に考えることです。たとえば，ある年次になったら全員が受ける研修で受講者満足度の分析をするとしましょう。分析を通じて「社交的な人の方が，満足度が高い」という結果が分かったとしても，その結果をもとに何か施策を打つことは困難です。それよりは，「事前の上司の関与」など改善可能な要素について，それらと満足度との関係を調べ，施策の有意義さの検証や，優先順位づけを行う方がよいでしょう。

　このように複数の分析の切り口がある場合は，「分析を通じて，そのような結果が得られた場合，このような改善ができるのではないか」という見通しが立てられるものから優先的に分析をしていくのがよいでしょう。

　以下では一例として，図表３−３に記した研修後の行動を促進する要因としてあげられているものについて，どのように改善ができるかをご紹介します。

〔研修前〕
　■研修のねらいと受講者の状況を合致させるために……
　受講者のニーズを把握し，学習内容との整合を確認する

　•「どのような組織に属している人がメインターゲットか」，「その人たちは普段どのような仕事をして，何に課題を感じているのか。何を鍛えたいと考えているのか」，「学んだことの成果としてどういう行動を期待するのか」，「その行動をすることを促進・阻害する要因は何か」といった観点で，受講者の置かれた状況やニーズを把握するとともに，学ぶ内容と合致度を確認し，不一致な部分を改善する。

■周囲や上司を通じて，受講者を動機づけるために……
学習意欲の高い受講者を選んだり，動機づけたりするための事前準備を
行ったりする

- 学習意欲の高い受講者を選定する。たとえば，現在困っている／困り始
  めている人を対象にする。
- 周囲の関わりによって学習意欲を高める。たとえば，受講者が上司と事
  前面談をして，受講する研修が仕事にどのように関係するかなど，期待
  される効果の話を聞く機会を設ける。
- 学べば成長ができるという意識をもつと自分の能力を高める目標を立て
  るようになることから（たとえば<Dweck, 1986>），事前案内や周囲
  の関わりを工夫し，学ぶことに対して動機づける。
- 周囲の関わりを通じて，自己効力感を高める。たとえば，受講者が過去
  の研修や仕事の成功経験を想起して，うまく今回の研修から学ぶことが
  できそうだと思える機会をつくる。

[研修中]
■受講者が学習内容を職場で活用できると思えるために……
研修で扱う場面・ケースを日常に近い形でデザインする

- 学習した内容が，日常のどのような場面で活用できるか想起できるよう
  にする。たとえば，職務遂行時と同じ状況を経験できるような機会を研
  修の場に盛り込む。

失敗から学ぶ機会をつくる

- 失敗を避けるのではなく，研修という場で失敗した場合，実践に向けて
  教訓を得られるようにする。

受講者が自分のパフォーマンスをモニタリングできるようにする

- 目標達成に向けて，必要な努力の量や方向性に注意が向くようなデザイ
  ンにする。たとえば，講師が「あなたが学んだことは，職場でも活用で
  きますか？」などの効果的な質問を行う。

行動規範の考えを取り込む

- 学習すべきスキルや行動を規則として示す。たとえば，「○○という状況では，××という行動をしましょう」と規則を明示する。
- 手本となる行動を講師がモデルとなって示す（ポジティブな内容だけでなく，ネガティブな内容も）。

【研修後】

■学んだことの実践や記憶の定着を図るために……

研修後にリマインドや振り返りをする機会をつくる

- 職場に戻ってからも，学んだことや実践状況を振り返るような仕組みをつくる。

上司や周囲に研修趣旨を説明し，支援が得られやすい環境をつくる

- 受講者が学んだことを実践する機会や必要な時にアドバイスを得られるように，事務局から上司に対して趣旨を説明するなどして，受講者が必要な支援を求めやすい環境をつくる。

　以上のように，研修で学んだことを実践したり，それを持続させたりしていくには，「研修後」のみならず，「研修前」「研修中」についてもできることがあります。また，これまでの研究から，研修前の学習動機が，研修後の行動に一貫して高い関係を示すという結果もあることから（たとえば，＜佐藤・今城・宮澤，2015a＞，＜小薗・大内，2016＞），研修後だけでなく，研修前にも対策を打つことを念頭に置いて，研修の効果を促進する要因の分析をしていくようにしましょう。

コラム　オンラインでの研修を評価する際の留意点

　新型コロナウイルスの感染拡大をきっかけとして，対面で行っていた研修をオンラインで実施するケースも増えています。この変化に伴って，研修評価についても，変化や留意すべきことが出てくると考えられます。

　まず研修の評価方法ですが，オンラインで実施することにより，研修受講の状況を録画することがこれまでよりも容易になりました。これに伴って，研修受講時の様子を撮影して評価材料に使いたいと考える方もいるようです。しかし，研修の様子を撮影することは個人情報の取得にあたるため，この取り扱いルールについて，各社で明確にしておくことが必要になります（個人情報を巡る動向は，第7章に記載していますので，そちらもご参照ください）。

　また研修をオンラインで実施する場合，対面時よりも集まることのコスト（移動時間や費用など）が少なくなるため，まとまって数日間行っていた研修を何日かに分割して開催することも少なくないようです。この場合，一般的には対面で行っていた研修をそのままオンラインで行うというよりも，研修の間にワークに取り組んでもらうなどするケースが多いようですが，受講者の状態が対面時に想定している状態からは変わっているので，確認の観点や分析の方法も対面時に想定していたものからは変える必要があります。改めて，分析の前に，受講者のニーズ把握をするとともに，出したい成果に向けたプロセスや，起こしたい行動を見直してモデルを設定していくことが重要になります。

3　研修効果を高めるための具体的な分析方法

◯ どのようにデータを分析していくか

　ここまでは研修効果を考える視点や分析を考える枠組み，研修を改善するための方法をご紹介してきました。ここからは，実際にどのようにデータを分析していくとよいかをご紹介していきます。

○「学習」「行動」の変化を確認する分析方法

　研修の効果の有無を調べる方法のひとつとして，受講者の研修前後の「学習」「行動」の変化を見ることがあります。

　たとえば，上司や同僚，部下に期待する行動の発揮度をアンケートで尋ね，研修前後で比較をするという方法です。こうして得たデータに対して，研修前後で意味がある変化があるといえるかを確認するためには，「対応のある t 検定」を行います。

　「対応のある t 検定」とは，同一の観測対象について，2 時点の平均値差を比較する方法です。同一対象の同一変数について，統計的に確からしい差があるかを確認し，差があれば研修の効果はあったといえ，差がなければ十分な効果は見られないということになります。

図表 3−4 研修前後での「学習」「行動」の分析イメージ

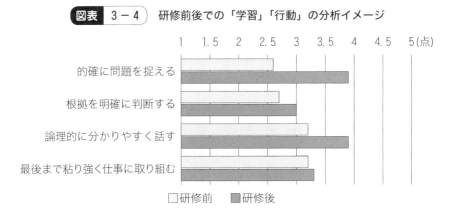

項目	研修前	研修後	人数	t 値	p
的確に問題を捉える	2.60	3.90	10	-3.07	0.01
根拠を明確に判断する	2.70	3.00	10	-1.41	0.19
論理的に分かりやすく話す	3.20	3.90	10	-2.69	0.02
最後まで粘り強く仕事に取り組む	3.20	3.30	10	-0.36	0.73

たとえば，分析の結果は**図表3－4**のようなものとなります。p値が小さい
ほど統計的に確からしい差があることを示し，「0.05未満であれば，確からし
い差がある」と考えることが多いです。よって，この例の場合は，「的確に問
題を捉える」と「論理的に分かりやすく話す」の2つの力が研修によって向上
したと考えることができます。

◯ 研修後の職場での「行動」に影響を与える要因を明らかにする 分析方法

研修で学んだことが職場で行動として発揮されていればよいのですが，うま
くいかない場合もあります。その場合，何が問題であるのか，何を改善すれば
よいのかを分析していくことになります。

具体的には，先に述べたように職場に戻ってからの行動と，研修中の「反
応」「学習」や職場・上司の状況との関係を，相関分析や回帰分析を用いて調
べていくことになります。

相関分析とは2つの量的変数の関係性を確認する分析，回帰分析とは「1つ
またはそれ以上の変数が，ある1つの変数を説明している」というモデルを立
て，回帰式という式を推定する分析です。これらの分析を通じて，研修後の行
動を起こす確率を高めるために重要な要因が何かを探っていきます。

たとえば，「研修後の行動変化」，「上司からの支援」，「職場メンバーからの
支援」の程度についてアンケートを実施し，相関分析した例が**図表3－5**です。
なお，「相関係数」は直線的な関係性の強さを示すものです。また，相関の有
無がどの程度確からしいかを示すのがp値です。先述の「対応のあるt検定」
同様，p値は小さいほど統計的に確からしい相関があることを示します。この
場合，「研修後の行動変化」と「上司からの支援」の間に関係性があることが
示されています。

相関関係があっても，「上司からの支援があるから，研修後の行動変化が起
こった」のか，「研修後に行動が変化したから，上司からの支援が得られるよ
うになった」のか，厳密には2つの因果関係が考えられるため，解釈には注意

図表 3－5 行動と要因の相関分析イメージ

		研修後の行動変化	上司からの支援	職場メンバーの支援
研修後の行動変化	相関係数	1.00		
	p 値	―		
上司からの支援	相関係数	0.21	1.00	
	p 値	0.03	―	
職場メンバーからの支援	相関係数	0.15	0.10	1.00
	p 値	0.10	0.37	―

を要しますが，研修効果を高める要因を探るためのヒントとなる分析です。

◻ テキストデータも組み合わせて，理解を深める

　定量的な分析だけでなく，定性的な情報も加味することで，変化や要因の内容を深く理解することができます。

　たとえば，「研修後の支援」について，上司には「部下の支援をしたか」，研修受講者である部下には「上司から支援を受けたか」のアンケートをとった場合に，上司の回答は研修受講者の職場での実践と関係が見られなかったものの，部下の結果は関係が見られたケースを考えてみましょう。

　同じ支援行動について質問しているはずなのに結果に違いが出ているという状態がなぜ起こったか，上司と部下で得点にギャップがあるペアを見つけ，自由記述による支援内容のコメントを見ることで，どのようなことが起こっているかを類推することができます（実際に筆者が支援した事例では，面談の場で上司が良かれと思って「お説教」をしてしまっていたことが見えてきました）。

　テキストマイニングは，研修で取り扱っている内容が，受講者にどのように受け取られているかを確認するために用いることもできます。ある管理職研修の受講者に対して，「研修で学んだこと」を自由記述してもらい，それをテキストマイニングした結果が**図表3－6**です。

　この図では，単語の出現頻度が円の大きさ，つながりの強さ（同時に単語が

図表　3－6　管理職研修のアンケートをテキストマイニングした例

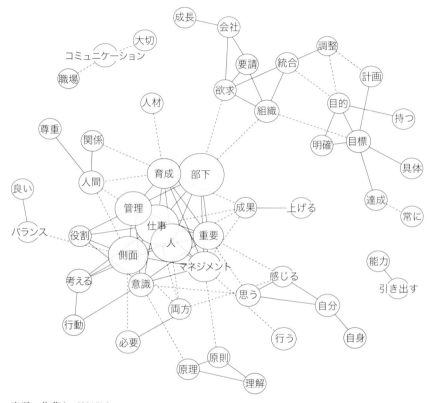

出所：佐藤ら（2015b）

出る頻度）が円の間の線の太さで示されています。管理職研修であるため，「部下」や「仕事」という言葉の出現頻度が高くなっています。また，「仕事と育成を両立する」ことなどがメッセージになっている研修であったため，たとえば「仕事」と「育成」という言葉の繋がりが強くなっています。

　このように，テキストデータの分析により，研修で伝えたいメッセージが受講者に伝わっているかを検証することが可能です。ぜひ「個々のテキストを見る」ことや，「テキストマイニングで全体像を把握する」ことなどにもトライ

してみてください。

4　第3章のむすび

　ここまで，研修評価の観点や，研修で学んだことを職場で行動につなげるためにどのような分析をしていくとよいのかを解説してきましたが，最後に，本章で記載した内容を具体的に実践する場合のモデルケースをひとつご紹介して，むすびとさせていただきます。

〔モデルケース〕
　施策の背景：
　人事制度の変更に伴って，管理職に期待するマネジメント行動が見直されました。この新たなマネジメント行動をとることができるように教育施策を実施することになりました。

　評価の概要：
　受講者本人の情報としては，研修前の行動や動機づけの状態，研修内容の満足度や有用性，職場に帰ってからの実践の機会の有無や行動の変化をアンケートで回答していただきました。
　同時に，上司にも事前・事後の関わりや，研修受講者の事前・事後それぞれの行動をアンケートで回答していただきました。

　分析概要：
　研修前後の行動の変化を「対応のある t 検定」で確認したところ，大半の受講者の方々が職場で行動が変化したという結果が得られました。さらに，行動変化に影響を与える要因を回帰分析で確認したところ，「実践をする機会があった／新たにつくられたこと」が最も影響していることが分かりました。

その観点で，行動が変えられなかった，あるいは途中で変えることを止めてしまった人たちの結果を確認したところ，本人は，「実践の機会はなかった」と捉えているものの，上司は「実践の機会を提供した」と認知していることが明らかになりました。

フリーコメントを確認したり，実際に受講者に追加でインタビューをしたところ，研修後の上司との対話の場が，上司が今後やって欲しいことを説明する場になっている傾向が見えてきました。上司の方も責任感が強く，部下にきちんと指示を出さないといけない，と考える傾向が強すぎるケースがありました。そこで，「本人が行いたいと思っていることを引き出す」という面談の目的や留意点を上司の方に説明したところ，翌年の研修後の職場での行動では，変化が確認されました。

この事例のように，「データからヒントを得て，現場の実態を確認する」というアプローチは非常に有効です。ぜひ，皆さんの実践の参考としてください。

第3章のポイント

- 研修で学んだことを職場での行動変化につなげることが重要です。
- 研修転移の促進要因や阻害要因を分析によって明らかにして，実践を後押しすることができます。
- 分析をする際には，先行研究を参考にするとともに，実際に改善が可能なことなのかを意識して優先順位をつけることが有効です。
- 定量データだけでなく，テキストデータも活用することで，内容をより具体的につかむことが可能です。

◎本章で参照・引用している文献や情報ソース

Baldwin, T. T. & Ford, J. K. (1988). "Transfer of training: A review and directions for future research". *Personnel Psychology*, 41, 63-105.

Baldwin, T. T., Ford, J. K. & Blume, B. D. (2009). Transfer of training 1988-2008：An updated review and agenda for future research. *International Review of Industrial and Organizational Psychology*, 24(1), 41-70.

Dweck, C. S. (1986). Motivational processes affecting learning. *American Psychologist*, 41(10), 1040-1048.

Hugues, P. D. & Grant, M. (2007). *Learning and Development Outlook 2007: Are We Learning Enough?* Tronto: Conference Board of Canada.

Kirkpatrick, D. L. (1959). Techniques for evaluating training programs. *Journal of the American Society of Training Directors*, 13 21-26.

Powell, K. S. & Yalcin, S. (2010). Managerial training effectiveness: A meta-analysis 1952-2002. *Personnel Review*, 39(2), 227-241.

今城志保（2014）.「科学性に基づく人的資源管理を進めるために―管理職研修の効果検証を例として―」情報知識学会誌24(4), 381-392.

小薗修・大内章子（2016）.「能力・態度における研修効果に影響を与える要因とその関連性」日本労務学会誌17(1), 50-68.

佐藤裕子・今城志保・宮澤俊彦（2015a）.「集合研修の転移に関する実証研究1―マネジメントの基礎研修を用いた検討―」産業・組織心理学会第31回全国大会発表論文集

佐藤裕子・今城志保・宮澤俊彦（2015b）.「集合研修の転移に関する実証研究2―研修での学びと実践目標の質的分析―」産業・組織心理学会第31回全国大会発表論文集

中原淳（2014）.『研修開発入門：会社で教える，競争優位を「つくる」』ダイヤモンド社

第 4 章　昇進・昇格選考を通じて より多くの活躍できる人を輩出する

　事業を取り巻く内外環境の変化に伴い，マネジメントに求められる役割は変化してきています。テクノロジーの進化や，企業のビジネス展開の見直しなど，ビジネスのあり方が変化することで，仕事をする上で必要な知識やスキルが変わっていると同時に，従業員の働き方や価値観の多様化が進む中で，メンバーマネジメントに必要な知識やスキルも変化してきています。

　このように求められる役割が変化してきたこともあり，これまでの昇進・昇格選考の内容を見直す企業も増えてきています。

　そこで本章では，特に管理職層の昇進・昇格選考について，活躍する人材をより多く輩出していくために何をすればよいか，施策検証や改善をする上で，データがどのように使えるか，考え方や方法についてご紹介します。

1　昇進・昇格選考を巡ってよくある悩みと 解決に向けた考え方

◯ よくうかがう 3 つの悩み

　昇進・昇格選考を巡って，人事の方から以下のようなご相談をいただくことがあります。

① 昇進・昇格選考への納得感が低く不満が出ており，客観性を高めたい

② 昇進・昇格選考をしているものの，昇進・昇格後に気になる問題が起きており，より活躍する人を選べるように見直したい

③ 長年同じ昇進・昇格選考方法をとっているため，時代にそぐわないとこ

ろが出ていないか，検証したい

　大まかにいうと「活躍する人材を選ぶ確率を高めるとともに，従業員の納得感を担保する選考プロセスとはどういうものか」という選考設計と，「活躍する人材を見極めるための昇進・昇格選考の検証や見直しはどうしたらできるのか」という施策の検証への関心が高いようです。

◯ まずは現状の整理から

　選考設計，施策の検証のいずれの場合でも，現状を整理することが最初の一歩です。そこで，現在どのような昇進・昇格選考を行っているのか，以下の観点でまとめてみましょう。

1．昇進・昇格後の期待役割：
　　昇進・昇格後にどのような人材になることを期待しているのか。
2．昇進・昇格選考内容：
　　昇進・昇格選考のプロセスでは，どのような手法でもって，候補者の何を見ているのか。
3．施策の結果・問題意識：
　　実際には，どのような人材が昇進・昇格しているのか。また昇進・昇格後に発生している問題があるとしたら，それは何か。

　これらのまとめをもとに人事の方とお話をさせていただくと，2つの問題をうかがうことが多いです。これらが昇進・昇格選考において，データを通じて改善しやすい問題でもありますので，まずはその内容を確認していきましょう。

◯ 問題①：人材要件が不明確，実態と不一致

　一定以上の従業員規模になると，人事制度が整備され，期待される役割が明文化されていることが一般的です。しかしその内容を見てみると，抽象度が高

いために解釈に幅が出てしまい，結果として昇進・昇格の判断にばらつきが出てしまうケースがあります。

　また，ビジネスのあり方が変化してきているものの人材要件が見直されておらずに実態と乖離しているケースや，結果として部門によって独自ルールで運用されているケースもあります。人事制度上は「部下あり管理職」の定義しかないものの，「部下をもたない管理職」が存在するケースなどもこの一例と考えられます。このような場合，部下のマネジメントをできることが管理職任用の必須条件なのか任意条件なのか，人によって判断が異なり，結果として部下のマネジメントを適切に行うことができない人が昇進・昇格する懸念があります。

　このように，どのような人材を昇進あるいは昇格させていくのかの共通認識がもてていない場合，実際にどのような人が活躍しているのかを明らかにして共通認識をつくっていくことが最初の一歩となります。

◯ 問題②：人材要件と選抜方法が合致していない

　もうひとつの問題は，昇進・昇格選考で用いている選抜方法が，求める人材要件を満たしているかを確認する手段として不十分である，というものです。

　たとえば，変革期にある会社で，「今後の会社の方向性に向けて組織を動かしていくことができる人材」を求めており，その人材であるかを見極めるために「各職場において変革が必要な課題をテーマにした面接試験」をしているとしましょう。

　この場合，以下２つの観点で，求める人材であるかを確認できているか，留意することが必要です。

　１．各職場の変革課題を「今後の会社の方向性に向けた課題」として設定しているかを確認できているか。

　２．変革課題の内容の妥当性や問題意識だけでなく，「実際に動かせるかどうか」を確認できているか。

　もし，こういった視点での面接になっていない場合，活躍する人材であるかを面接の中では十分に確認できていない可能性があります。結果として，昇進・昇格後に思ったような活躍ができないことにもつながってきます。

　このようなことを避けるためにも，求める人材要件を，どの手法で確認するかを設計するとともに，定期的にデータを用いて検証し，見極めができているかの実態を確認していくことが重要になります。

　では，どのようなデータを用いて検証を行っていくとよいのでしょうか。次節では，一般的に昇進・昇格選考においてどのようなデータを用いることが多いかをご紹介していきます。

2　昇進・昇格選考で用いられることが多い 選抜方法と特徴

　第1章でふれた通り，企業人を捉える視点や手法は複数あります。その中でも，昇進・昇格選考で用いられることが多い選抜方法と活用場面を簡単にご紹介していきます。

　なお**図表4−1**は，各方法が，昇進・昇格選考のどの場面で活用されるかを示したものです。あわせてご確認ください。

図表　4−1　選抜方法と活用場面

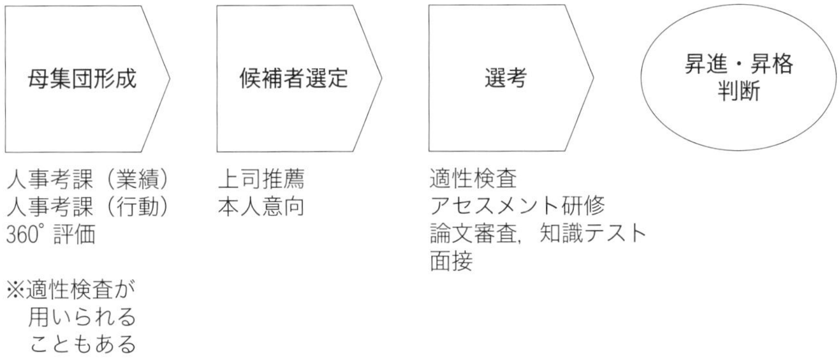

母集団形成	候補者選定	選考	昇進・昇格判断
人事考課（業績） 人事考課（行動） 360°評価 ※適性検査が 　用いられる 　こともある	上司推薦 本人意向	適性検査 アセスメント研修 論文審査，知識テスト 面接	

【人事考課（業績）】

　半年から1年に1度，各社で実施されている仕事の業績や成果を評価した指標です。昇進・昇格選考では，数年間の結果を見ることで，どの程度安定的に成果を出すことができているかを見て，母集団形成の段階（候補者として見るか否かを判断する段階）で参考指標として用いられることがあります。ただし，業界や職種によっては，本人の実力以外の要因が大きいケースがあります。たとえば，海外観光客の売上比率が高い，オリンピックなどのイベントの売上が大きいなどの場合，来日者の推移やイベントの有無といった外部要因の方が大きく影響するといったことです。そういった場合は，この指標を本人の実力の指標として用いることは逆に見極めの適切さを欠いたり，納得感を低下させることにつながりますので，複数年度で平均をとるなど，本人の実力以外の要因をできるだけ低減するような扱い方ができるか，注意して検討する必要があります。

【人事考課（行動）】

　各階層や役割に期待される行動を評価したものであり，仕事のプロセスを評価した指標です。業績の評価とは異なり，外部環境の影響を相対的に受けにくいものであるため，昇進・昇格選考では，母集団形成の段階で用いられることが多いです。

【360°評価】

　行動評価を上司だけでなく，職場の同僚や他部署の関係者も含めて評価するもので，仕事のプロセスを評価しているケースが多い指標です。人事考課（行動）と視点は近いですが，評価者が多岐に渡る点が異なります。実際の活躍度と関係していることが確認されることが前提となりますが，上司だけの評価に不安がある場合に，利用されることがあります。ただし，360°評価を昇進・昇格に活用しようとすると，率直な回答をすることへの抵抗があり，評価が高止まりすることも多いです。自社に導入しようとした場合，どのような反応が想

定されるか，丁寧な検討が必要です。

［適性検査］

　対象者の性格や価値観，仕事への関心（志向）や一般知的能力をあらわした指標です。相対的に変わりにくいものであり，比較的手軽に実施することができることから，候補者選定の参考材料や選考の一材料として利用されることが多いです。

［アセスメント研修（アセスメント・センター）］

　上位職の役割を研修で疑似的に体験するとともに，その時の言動を訓練された専門家が評価する手法で，対象者の保有能力をあらわした指標です。

　たとえば，一般職の方がマネジメントを担ったとした場合にどのような行動をとるのかは職場では確認しづらいため，研修という場を用いて確認するというのがこの手法となります。上位職での仕事ぶりを予測するとともに，本人が上位職の役割を担うための成長課題の設定にもつながるもので，選考プロセスの後半で利用されることが多いです。

［論文審査，知識テスト］

　人事部門が，対象者の考える力や知識を評価するものです。内容は会社によってさまざまですが，今後のビジョンや会社についての理解度，その会社においてビジネス上必要な知識を尋ねることが多いようです。

［面接］

　人事部門または上位職複数名が，対象者の能力や人柄を評価するものです。評価する内容や面接の方法は会社によってさまざまですが，一定のテーマについてプレゼンテーションをしてもらい，質疑応答をすることが多いようです。

　このように，データの種類はさまざまありますが，各社の人員構成や人材マ

ネジメントの考え方，昇進・昇格の運用主体が人事部門にあるか現場にあるかによって，どのデータを優先的にとっていくとよいかは変わってきます。どのデータからとるとよいか迷われる場合は，外部機関に相談をしてみるのもよいでしょう。

3　各問題を解決するために，どのようにデータを活用していくか

　ここまで，昇進・昇格選考でよくうかがう悩みやよくある問題，昇進・昇格選考で利用されることが多いデータについてご紹介をしてきました。

　本節では，それらのデータを用いて，どのように問題を解決していくか，その方法についてご説明していきます。

◯ 昇進・昇格選考でデータ活用を考える視点

　図表4－2が昇進・昇格選考において，データ活用を考える際の視点です。以下では，これに即して，どのようにデータが活用できるかをご説明します。

図表 4－2　昇進・昇格選考のデータ活用を考える際の視点

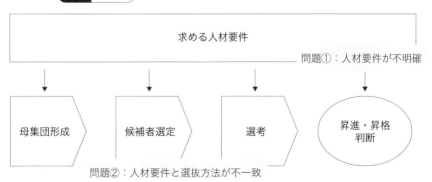

求める人材要件

問題①：人材要件が不明確

母集団形成　候補者選定　選考　昇進・昇格判断

問題②：人材要件と選抜方法が不一致

◻ 「問題①：人材要件が不明確」を解消する方法

　すでにお伝えしたように，昇進・昇格選考をよりよいものにしていくために
は，人材要件を明確で具体的にしていくことが不可欠です。しかし，その内容
について関係者全体で共通認識をもてていないことも多いようです。このよう
な場合の対処に，データを用いて活躍している人の特徴を明らかにして，関係
者で合意をしていくアプローチがあります。具体的な方法は以下の通りです。

　まず人材要件を具体化していく方法ですが，演繹的に行う方法と帰納的に行
う方法の2つのアプローチがあります（**図表4－3**）。

　演繹的なアプローチは，事業戦略や会社として大切にしたいことを明らかに
した上で，「管理者に対して，どういった行動を求めていくか」を言語化して
いくアプローチです。

　一方，帰納的なアプローチは，今現在活躍している方に共通する要素を抽出
し，それを言語化していくアプローチです。

　データを用いて人材要件を明確にする際に役立つのは，後者の帰納的なアプ

図表　4－3　演繹的・帰納的アプローチの違い

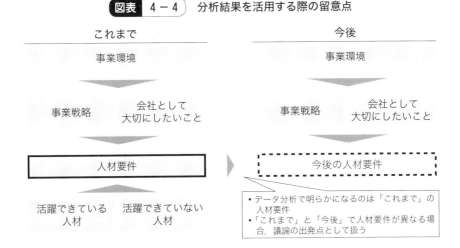

図表　4-4　分析結果を活用する際の留意点

ローチです。人事考課などを基点に，高い成果をあげ続けている方とそうでない方を抽出し，その違いがどのようにデータ上で表現されるかを確認することで，共通認識をもつことにつながります。

　ただ，この結果を解釈する際に気をつけていただきたいのは，人事考課は，あくまでも過去の評価である，という点です。今後評価したいことが，これまで評価してきたことと一致している場合は，この結果をそのまま求める人材要件としていくことも可能です。一方，今後評価したいことが，これまでとは変わっていく場合，この結果をそのまま人材要件に反映させるのは危険です。演繹的なアプローチも組み合わせて，より重要になる要件や新たに求められる要件の有無も検討するようにしましょう（**図表4-4**）。

◻️「問題②：人材要件と選抜方法が合致していない」を解消する方法

　昇進・昇格選考において，現在の選抜方法がその後の活躍を予測できているかを定期的に検証することも重要です。

　具体的には，昇進・昇格の合否や，その後の活躍度合いを基準として，昇進・昇格選考で得られたデータと比較し，適切に見極めることができているか

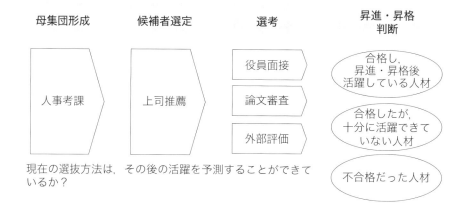

図表 4-5 選抜方法と検証観点のイメージ

母集団形成　候補者選定　選考　昇進・昇格判断

人事考課　上司推薦

役員面接

論文審査

外部評価

現在の選抜方法は，その後の活躍を予測することができているか？

合格し，昇進・昇格後活躍している人材

合格したが，十分に活躍できていない人材

不合格だった人材

図表 4-6 最終的な合否と選考プロセスの評価の関係や評価者のばらつきのイメージ

		論文審査平均 （10点満点）	面接評定平均 （10点満点）	人事考課 （10点満点）
全体平均		7.05	7.80	7.00
合格者平均		7.20	9.10	8.00
不合格者平均		6.90	6.50	6.00
評価者別 平均	Aさん	6.75	6.75	― ※直近数年の考課を得点化したものなので，評価せず
	Bさん	7.30	8.25	
	Cさん	7.10	8.15	
	Dさん	7.00	8.30	

↑
合格者と不合格者の間で得点差が小さい

↑
特定の評価者が厳しい

を確認するものです（**図表4-5**）。

　たとえば，面接や論文審査，外部評価を組み合わせて昇進・昇格選考を行っている場合に，合否結果と昇進・昇格選考で得られたデータをつきあわせて分析するケースがこれにあたります。合否結果と，昇進・昇格選考プロセスで得

られたデータの傾向が合致している，たとえば合格者の方が得点が高い，という傾向が見られれば，その選抜方法が機能しているということになります。しかし実際には，ある選抜方法が合否の見極めとは関係が見られなかったり，評価者別に結果を見ていった際，人によって評価結果に大きな偏りが見られることがあります（**図表4－6**）。

　このような場合，差が見られない選抜方法や評価者個人の評価内容について，妥当であるかを確認し，必要があれば評価内容・方法の見直しや，評価者の再教育を実施していくことが有効です。

コラム　母集団の状況に応じて柔軟に施策の見直しを検討

　分析をしていく中で近年よくうかがうのは，管理職候補者の母集団自体が不足しているという話です。背景には，デジタル化対応を筆頭とした外部環境の変化に加えて，従業員のキャリア自律の促進や個別化する働き方への対応といった内部環境の変化もあり，管理職層に期待される役割が高度化していることがあります。

　その一方で，過去に採用抑制をした会社では候補者の絶対数が少なかったり，候補者のキャリア観が多様化しており「管理職になることばかりがよいキャリアではない」という考え方も広まることで，管理職候補者として準備ができている人の数が十分ではなかったりすることが増えているようです。

　ただ，「管理職になりたくない」と感じている人も必ずしも経験をした上でそう感じているわけではなく，いわば「食わず嫌い」の状況にあり，実際に類似の経験をしてみる中で「悪くはない」と感じる方もいらっしゃるようです。

　このような状況を受けて，昇進・昇格選考を単に「候補者から選ぶ」機会として見るのではなく，「今後のキャリア形成の準備を促す」機会として施策を見直したり，管理職を担いたいという意欲のある方をより早期から発見して抜擢できる仕組みへと見直したりする企業も出てきています。

　このように，施策を柔軟に見直していくためにも，人材要件といった質的な確認をするだけでなく，管理職を担える候補者がどの程度いるのか，「量」の面でも現状の確認をしていくことが今後はより重要になってくると考えられます。

4 昇進・昇格選考における分析方法

◯ 昇進・昇格後の活躍度と選抜方法の関係を分析する方法

　それでは，昇進・昇格後に活躍できる人材を見極めるための分析方法を確認していきましょう。

　用いることが多い分析は，その後の活躍度合いをもとに複数のグループに分けて，昇進・昇格選考の結果に違いがあったかを確認する「差の分析」になります。

　2グループに分ける場合は，「対応のないt検定」，3グループ以上に分ける場合は「対応のない1要因の分散分析」を行うことになります。

　たとえば，活躍する人材の要件を明確にするために，その後の活躍度合いをいくつかのグループに分け，評価結果との関係を確認したイメージが**図表4－7**です。

　図表4－7の場合，「発想力」以外のすべての要素について，統計的に有意な差がみられていることから，いずれの要素も管理職相当職としての活躍には必要であることがうかがわれます。ただし，中にはMiddle群とPoor群で差がないものもあることから，「絶対に必要なもの」と「できれば求めたいもの」が混在している可能性もありますので，人材要件を定める際には，どちらを表現するのかは判断するようにしましょう。

　あるいは，現在用いている選抜方法が適切に機能しているかを確認するには，合否と選考プロセスの評価結果の関係を分析します（**図表4－8**）。

　図表4－8の場合，統計的に有意な得点差があることから面接や外部評価は合否の判定に関係があるものの，論文は得点差がないことから合否に関係していない可能性があります。このような場合，論文の評価内容が求める人材要件と関係しているかを確認するとよいでしょう。

　これら，「対応のないt検定」や「対応のない1要因の分散分析」は，Excel

図表　4-7　昇進・昇格後の活躍度合いから見た求める人材要件の分析イメージ

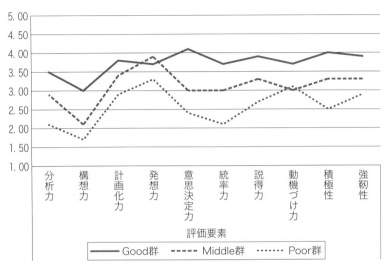

	人数	評価要素									
		分析力	構想力	計画化力	発想力	意思決定力	統率力	説得力	動機づけ力	積極性	強靭性
Good 群	10	3.50	3.00	3.80	3.70	4.10	3.70	3.90	3.70	4.00	3.90
Middle 群	10	2.90	2.10	3.40	3.90	3.00	3.00	3.30	3.00	3.30	3.30
Poor 群	10	2.10	1.70	2.90	3.30	2.40	2.10	2.70	3.10	2.50	2.90
F 値		12.93	9.21	4.26	1.92	17.76	11.58	8.76	3.52	14.35	5.75
p 値		0.00	0.00	0.02	0.17	0.00	0.00	0.00	0.04	0.00	0.01

※網掛け部分は，p<0.05で統計的に有意

でも分析ができます。ただし分散分析については「グループ間で違いがある
か」を分析することはできますが，「どのグループとどのグループの間で差が
あるのか」をExcelで調べることはできません。2つのグループの比較にする
か，分散分析を行う場合は専門の統計ソフトを使うことをお勧めします。詳細
は拙著『人事のためのデータサイエンス』などをご覧ください。
　また候補者の人数が多い場合は，現在の選抜方法によって，その後の活躍を

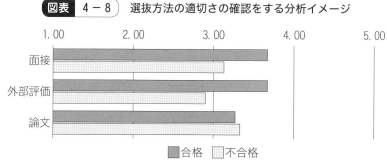

図表 4-8 選抜方法の適切さの確認をする分析イメージ

	グループ	人数	平均点	t値	p値
面接	合格	30	3.67	2.22	0.03
	不合格	30	3.13		
外部評価	合格	30	3.67	2.80	0.01
	不合格	30	2.90		
論文	合格	30	3.27	−0.27	0.79
	不合格	30	3.33		

※網掛け部分は，p＜0.05で統計的に有意

どの程度予測できるかを確認する「予測分析」をすることも可能です。代表的な手法は回帰分析という手法で，「1つまたはそれ以上の変数が，ある1つの変数を説明している」というモデルを立てて，回帰式という式で推定する方法です。**図表4-9**の例は，昇格後の活躍度（評価）を「アセスメント研修総合点」と「適性検査得点」で回帰分析を行ったものです。アセスメント研修と適性検査の結果によって，ある程度，昇格後の活躍が予測できるという結果になっています。

　この分析も Excel などでも簡単に分析することができますが，多重共線性などの個別に考慮するべき事項もあります。拙著『人事のためのデータサイエンス』等で解釈方法や分析の注意点をご確認ください。

図表　4－9　回帰分析のイメージ（Excel によるもの）

概要

回帰統計	
重相関 R	0.41
重決定 R2	0.17
補正 R2	0.14
標準誤差	0.47
観測数	65

分散分析表

	自由度	変動	分散	観測された分散比	有意 F
回帰	2	2.71	1.35	6.20	0.00
残差	62	13.54	0.22		
合計	64	16.25			

	係数	標準誤差	t	P−値	下限95%	上限95%	下限99.0%	上限99.0%
切片	-0.36	0.57	-0.64	0.52	-1.50	0.77	-1.88	1.15
アセスメント研修総合点	0.31	0.15	2.08	0.04	0.01	0.60	-0.08	0.70
適性検査得点	0.02	0.01	2.94	0.00	0.01	0.03	0.00	0.03

注：昇格後の活躍度を昇格選考時のアセスメント研修や適性検査がどの程度予測し
　　ているかを分析したもの

5　昇進・昇格選考におけるデータ活用の事例

　ここまで，昇進・昇格選考における課題や要因，それらを実際にどのように
分析を通じて解決していくのかを示してきました。

　最後に，本章でご紹介した内容を具体的に実践する場合のモデルケースをひ
とつご紹介したいと思います。

〔モデルケース〕

　A社では，事業戦略の転換に伴い，求める人材要件を見直すこととしました。

スローガンとして，大まかに今後の求めたい人材要件は示されているものの，昇進・昇格選考要件とするには，まだ具体性を欠いており，関係者で合意をとることが困難な状況でした。

そこで，これまでの昇進・昇格選考の評価結果を活用し，活躍している人材の特徴を分析。この要件をベースに，変わるもの，変わらないものを議論することとしました。その結果，具体的な議論ができ，今までの選考の中で見られるものと，新たに確認すべき点が明確になっていきました。

また，新たに確認すべき点を評価していくために，複数の手法をトライアルで実施。より納得感が高いものを導入するとともに，合格者が決定したタイミングで，振り返りを行いました。その結果，今後求める動きを体現できそうな人について高い得点が見られることが検証されました。

一方で，評価者別に分析をしたところ，特定の評価者の評価が高い可能性が示唆されたため，評価ルールの明確化や評価者の再教育を行い，新たな事業戦略を推進できる人を，より確からしく選抜できるようにしました。

6　第4章のむすび

本章では，「昇進・昇格」について，一般的な選考プロセスや起こりがちな問題，その解決に有効な分析方法をご紹介しました。

事業環境が大きく変わる今日，管理職層を中心に，求める人材要件を見直す企業は増えていると思います。

この際，今後求める人材をスローガンにとどめるのではなく，「今求めている人材とは何は同じで，何は違うのか」を，データも活用しながら具体的に表現することを意識してみてください。

また，人材要件を見直したら，たいていの場合はそういった人材であるかを見極めるための選抜方法も見直しが必要になってきます。その際，今の各選抜方法はどのような人材要件を確認しているのかを検証することが第一歩です。ご紹介した分析方法も活用しながら，確認・検討していただければと思います。

図表 4−10　昇進・昇格選考での代表的な分析と対策例

プロセス	よくある問題	分析の目的	利用データ	分析の視点	結果を踏まえた改善の方向性
全体共通	人材要件が不明確、実体と不一致	人材要件の明確化	・各種選考データ ※昇格後の人材情報を別途取得することもある	・昇進・昇格後の職位で活躍している人材の特徴を確認する	・今後求めたい人材要件と異なる点があれば見直し
母集団形成	候補者不足	今後の人材充足度の確認	・人員構成 ・平均昇進・昇格率	・現在の昇進・昇格率と今後の人員数を見た際に、必要なポストの充足率を確認する（例：現在昇進・昇格率が20%だとした場合、今後も20%の昇進・昇格率で今までのポストを充足させることができるかを確認する）	・候補者教育 ・候補者選定ルールの見直し ・候補者発掘施策の実施
	人材要件と選抜方法が不一致	母集団の人材の質の確認	・各種選考データ（特に人事考課、360°評価、適性検査）	・母集団となっている人材と、人材要件の合致度を確認する	
選考		昇進・昇格選考内容の適切さの確認	・各種選考データ（特に適性検査、アセスメント研修、論文審査、知識テスト、面接）	・昇進・昇格後の活躍度と各選考データの関係を確認する	・選抜方法や観点の見直し・追加 ※人材要件と各種選考内容の関係を整理し、不足があれば補う
		昇進・昇格選考の機能度の確認	・各種選考データ（特に適性検査、アセスメント研修、論文審査、知識テスト、面接）	・合否判断と各種指標の関係を確認する	・選抜方法や観点・ツールの見直し ・選考に携わる人材の再教育

図表 4 −10に昇進・昇格選考での代表的な分析と対策例を記載します。

第 4 章のポイント

- 昇進・昇格選考は，活躍する人材を輩出するための取り組みです。
- 事業推進のためにどのような人材が必要か，要件を定めることが第一歩です。
- 定めた人材要件と選抜方法が一致していないこともあります。定期的にデータを用いて検証し，適切な見極めができているかを確認することが重要です。

第 5 章

適合の観点でデータを活用して個人の活躍を支える

　社会人経験を振り返ると，携わった仕事や所属した組織について，「合っていた」，「合っていなかった」と感じることが，少なからずあると思います。

　また，人事担当の立場で考えると，「この配置，本当にうまくいくのか」と不安になったこともあれば，「やっぱり，あの配置はすべきではなかった」と後悔されたこともあるのではないでしょうか。

　本章では，個人の活躍を支える人事データ活用と，その応用として異動・配置における人事データ活用についてご紹介します。

1　タレント・マネジメントにおける人事データ活用

◻ タレント・マネジメントとは

　タレント・マネジメントという言葉を耳にしたことがある方は多いと思います。定義はさまざまありますが，たとえば，「従業員（＝タレント）に関する情報を収集・一元管理し，採用・配置・育成・組織開発などに活用することで，事業成長を後押しする」ことがタレント・マネジメントといえます。これを支える仕組みがタレント・マネジメント・システムで，導入している企業も少なくありません。

◻ タレント・マネジメントにおける，さまざまなデータ活用

　たとえば，「育成」を例にとると，保有資格や研修受講歴を個人別に確認し，特定の人材の育成について検討することは，一種のデータ活用といえます。

　また，タレント・マネジメント・システムに搭載されているパルス・サーベ

イ（少数の設問で月1回など頻度高く実施するサーベイ）の機能を用いて，個人のコンディションを把握することもデータ活用といえます。部門ごとの人員数を把握することや，人員の需給ギャップを把握することも，データ活用です。

このように考えると，人事データ活用はタレント・マネジメントを促進する一つの有効な手段であることは間違いありません。そして，一元管理された保有資格や研修受講歴，また性格特性などさまざまな情報が個人別に確認できることは，個人の育成，また個人の活躍を促す適材適所・適所適材の配置を進めるためにも強力なアイテムとなります。

2　異動・配置における人事データ活用

�‍◌ さまざまな目的で行われる異動・配置

ここからは，適材適所・適所適材に焦点を絞って話を進めます。適材適所・適所適材と関わりが深い人事業務は，異動・配置です。一言に異動・配置と

図表 5-1　さまざまな目的で行われる異動・配置と参照する人事データ

異動・配置のタイプ		主に参照する情報など
欠員補充/体制拡充 プロジェクト・アサイン	➡ 知識 スキル	空席ポジションの要件にマッチする人材を探す。要件として，スキル，資格，経歴などが参照される。
昇進・昇格 職種変更 初期配属	➡ 適性	異動（昇格／配属）前後の業務の性質が大きく異なるため，過去の評価や経歴と異動後の活躍との関連は必ずしも高くない。ポテンシャルの指標となる適性検査の情報が参照されることがある。
経営人材育成 定期ローテーション	➡ 経験	幅広い業務経験を通じて経営人材やジェネラリストとして育成するため，過去の経験業務や異動歴などが参照される。
キャリア自律支援 働きがい向上	➡ 自己申告	エンゲージメント向上やリテンションなどの観点から，アンケートなどで取得した本人の意向・志向などが参照される。

いっても，**図表5－1**のとおりさまざまな目的のものがあります。それによっ
て，参照される人事データや，その活用方法も異なってきます。

⬤ 異動・配置における人事データ活用例

　欠員補充の場合は前任者，体制拡充やプロジェクト・アサインの際は求める
役割など，基準となる知識やスキルが具体的になっていて，その基準を満たす
か否かの検討の優先度が高いケースです。よって，基準に照らして具体化され
た知識やスキルの要件に対し，タレント・マネジメント・システムに格納され
ている知識・スキル情報などを用いて，「ビジネスレベルの英語」のような条
件で，該当する人物を検索したりリストアップしたりします。

　経営人材育成やジェネラリストの育成の際には，対象となる人材が多様な経
験を積むことを重視することが多くあります。その場合，対象者個々のプロ
ファイルを確認し，過去に携わった業務など経験を確認し，今後積み重ねてほ
しい経験にマッチするポジションを探すことなどが行われます。

　本人が希望する職務や職場を選択可能にすることで，キャリア自律を促す，
あるいは働きがいを高めることを目的とした自己申告制度に伴う異動もありま
す。この場合は，本人の希望を把握することが第一ですので，本人が回答した
アンケートの情報などをもとに，本人の希望にフィットした職務・職場へアサ
インすることなどが行われます。

　これらは，多くの場合タレント・マネジメント・システムに搭載されている
機能を活用して行うことができるデータ活用です。その際には，検索等がしや
すいように，資格やスキル，あるいは経験の情報について，カテゴリー化する
など工夫することで，使い勝手を高めることができます。

　職種変更や初期配置，また第4章で触れた昇進・昇格などでは，経験のない
職務に対する適性を把握することで，異動・配置の精度が高まります。その際，
次節でご紹介する「適合」の観点を活用することが有効です。適性検査のデー
タなどを用いることで，タレント・マネジメント・システム上の機能，あるい
は統計ソフトなどを利用し，適合の度合いを数値化することができます。

3　さまざまな適合の観点

◯ 活躍に影響する，個人と環境との適合

　適性とは，何らかの対象に対して「適している，合っている」ことを示します。適性について考える際には，「個人と環境の適合」について考えることが参考になります。学術的なフレームワークとしては，個人―環境適合（Person-Environment Fit：P-E Fit）が参考になります。個人―環境適合については，対象となる環境の種類に応じて，代表的なものとして以下5つなどがあります。

- 所属組織との適合：Person-Organization Fit
- 従事する職業・職種との適合：Person-Vocation Fit
- 従事する職務・仕事との適合：Person-Job Fit
- 上司との適合：Person-Supervisor Fit
- 職場の同僚達との適合：Person-Group Fit

　それぞれの適合を確認するためには，たとえば**図表5－2**のような観点があり，それを表すデータを用いることで，適合状態を検証したり，適合可能性の検証をしたりすることができます。

　適合の観点にあるように，個人と環境の適合は，組織コミットメント，転職意向，職務パフォーマンス，上司満足，職場満足と関係が見られることがあります。身近な例でいうと，「会社の雰囲気と合わないから，転職する」，「自分が思ったような面白い仕事ではないから，転職する」，「物事を発散的に考えるのが苦手なので，企画の仕事はうまく行かない」，「上司とウマが合わなくて，モチベーションが下がる」，「キャラが浮いてしまって，職場に馴染めない」など，よくある話です。

　なお，図表5－2はあくまで一例であり，また，あえて側面別に整理をしたものです。たとえば「職業・職種」と「職務・仕事」については重複する部分もあるので，両者の観点を組み合わせて利用することも可能です。他の部分に

図表　5−2　適合を検証する観点例

適合の側面	適合を表す状態	適合に影響する環境要因	適合に影響する個人要因
所属組織との適合	• 組織コミットメント • 勤続意向	• 組織文化	• 組織観
職業・職種との適合	• 転職意向 • 職業満足	• 職業特性 • 労働環境	• 仕事観
職務・仕事との適合	• 職務パフォーマンス • 職務満足	• 求められる知識・スキル • 仕事の進め方	• 保有知識・スキル • 性格特性
上司との適合	• 肯定的な対上司評価 • 上司満足	• 上司の人物特徴	• 性格特性 • さまざまな価値観
職場の同僚達との適合	• 同僚への信頼 • 職場満足	• 同僚の人物特徴 • コミュニケーションのスタイルなど集団特性	• 性格特性 • さまざまな価値観

ついても同様なので，ご自身の所属する組織の実態に合わせ，アレンジして適合の検証方法について考えてみてください。

◯ 企業，個人，それぞれが見極めをしている

　このような「適合」は，私達が見極めの観点として，意識・無意識のうちに日常的に用いているものです。たとえば，「自社のカルチャーに向いている人を採用する」というのは，企業側が求職者の見極めをする際の観点の一つです。逆に，「どうもこの会社のカルチャーは自分には合わなさそうだから，入社は見送ろう」というのは，求職者側が企業の見極めをする際の観点の一つです。

　このような「適合」について，人事データを活用して確認をすることで，個人の活躍やモチベーションを高めることに繋がります。ここからは，特に仕事

との適合，および人との適合にフォーカスします。

4　職務との適合を確認する方法

◻ 活躍度と適性の関係に着目する

　職務との適応を確認する方法として代表的なものは，活躍度と個人の人物特徴の関係を確認することです。

　活躍度は，職務のパフォーマンスを表す指標として，人事考課や業績評価の結果などが用いられます。営業職であれば，目標達成率などが用いられることもあります。360°評価の結果が用いられることもあります。

　また，活躍を表す状態はパフォーマンスだけではないため，満足度やワーク・エンゲージメントなど，仕事に対する前向きな感情を表す指標が使われることもあります。また，逆に「活躍できていない，合っていない」という点に着目し，離職意向の有無や離職者と在籍者の差に着目したりすることもあります。

　人物特徴を表すデータとしては，保有資格など知識・スキルを表すデータもあれば，適性検査の結果のような性格特性を表すデータもあります。職種に依存せずに，全員一律に扱えるという面では，性格特性のデータは扱いやすいデータの一つです。ここでは，性格特性データの活用に焦点を絞ってご紹介します。性格特性の例としては，外向性，調和性，誠実性，神経症的傾向，経験への開放性からなる5大性格特性（ビッグ5）の枠組みを用いています。5大性格特性は，世界で広く用いられているもので，学術的な研究でも多く用いられています。

◻ 活躍度と適性の分析例（差の分析）

　活躍度と性格特性の関係を確認するシンプルな方法としては，**図表5-3**のように「活躍層と活躍層以外の特徴を比較する」方法があります。

図表 5 − 3 　活躍層と活躍層以外の 5 大性格特性の比較

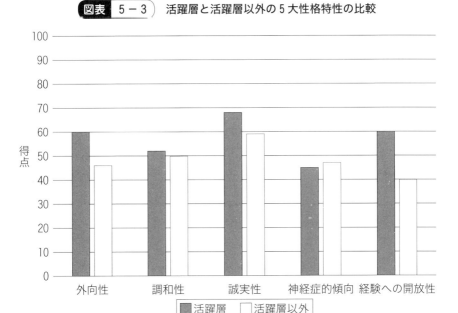

　上記の例であれば，「活躍層のほうが，外向性と誠実性と経験への開放性が高い傾向がある」ことが読み取れます。統計的に有意な差があるかを確認する場合は，2 つのグループの差の比較であれば「対応のない t 検定」を用います。

　活躍層と活躍層以外を分ける際には，「上位50％＝活躍層，下位50％＝活躍層以外」とする場合もあれば，「上位25％＝活躍層，下位25％＝活躍層以外」のようにすることもあります。また，「上位25％＝活躍層，上位25〜75％＝中間層，下位25％＝非活躍層」のように 3 群に分けることもあります。これらの分類方法は任意のものなので，手元のデータ数や関心のある比較方法に応じて，試行錯誤してみてください。

　なお，活躍層／中間層／非活躍層のように 3 群以上に分類して性格特性などの差を比較すると，**図表 5 − 4** のような結果が得られます。

　「活躍層のみで高い」，「中間層のみで高い」，「非活躍層のみで低い」，「活躍層＞中間層＞非活躍層となっている」，「いずれの層でも変わらない」など，さ

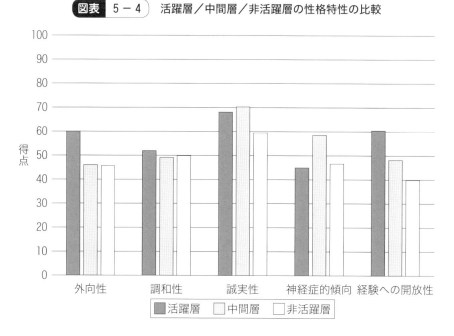

図表 5 - 4　活躍層／中間層／非活躍層の性格特性の比較

まざまなパターンが確認されることもあります。

　2群に分けるよりも気づきは多い結果ですが，解釈に悩むことも少なくありません。一方で，「不幸なミスマッチを無くしたい→非活躍層のみに特徴的な特性に特に注意を払う→図表5 - 4の例であれば誠実性の低さに注意をする」のような活用もできるので，関心があれば，ぜひ試してみてください。

活躍度と適性の分析例（相関係数）

　活躍度と適性の関係は，2つの変数の直線的な関係の強弱を表す，相関係数を用いて行うこともできます。それによって，たとえば図表5 - 5のような結果が得られます（用いたデータは，図表5 - 3と図表5 - 4と同様のもの）。

　大きな正の相関係数を示すものは，高いパフォーマンスと関連する特性です。よって，その特性が高いほど，パフォーマンスをあげる確率が高いと考えられます。逆に，大きな負の相関を示す特性については，その特性が低い方がパ

図表　5-5　パフォーマンス（人事考課）と性格特性の相関係数

	人事考課
外向性	0.41
調和性	0.06
誠実性	0.28
神経症的傾向	-0.05
経験への開放性	0.58

フォーマンスをあげる確率が高いと考えられます。よって，相関係数に着目することで，パフォーマンスに関係する特性を見極めることができ，個人別にその高低を確認することで，活躍可能性の高い人材の発見ができます。

　相関係数を並べて見る方法は，一覧性が高く，分かりやすいというメリットがあります。一方で，図表5-4の例であれば「神経症的傾向が中間層でのみ高い」に代表されるような非線形な関係を見落としてしまう可能性があるので，その点についてご留意ください。

◯ 回帰分析や機械学習による予測スコアを用いる

　ここまでご紹介したように，差の分析や相関分析を行うことで，「活躍と関係する性格特性」が確認できます。さらに一歩進んで，「複数の性格特性の影響を組み合わせて，活躍度合いを予測する」という取り組みも行われています。そのためには，回帰分析や機械学習が用いられます。具体的な計算アルゴリズムは割愛しますが，活躍度合いは複数の性格特性の重み付き和などによって求められます。

　それによって，まだ活躍するか否かが分からない人材に対して，活躍確率の予測を行うことができます。

　たとえば，「活躍する＝1，活躍しない＝0」とした場合，分類を目的とする場合に用いられるロジスティック回帰分析や決定木分析によって，**図表5-**

図表 5 - 6 個人ごとの活躍確率の予測値

	活躍確率
Aさん	0.76
Bさん	0.12
Cさん	0.32
Dさん	0.58
Eさん	0.26

6のような形で，活躍する確率が予測されます。活躍確率については，たとえば「0.5以上であれば，活躍する層とみなす」のように閾値を設けて用いられることもあります。

　回帰分析や機械学習に投入する変数によって，たとえば「調和性の2乗の非線形な効果」や「調和性と外向性の組み合わせの効果」なども加味して活躍確率を求めることもできます。また，図表5 - 6のように，一人ひとりの活躍確率が分かるため，比較もしやすく，実務上は扱いやすい結果が得られます。

　回帰分析や機械学習は特殊な方法ではなく，Rなどの統計パッケージ，あるいはPythonのようなプログラミング言語を用いることによって行うことができます。ご自身で行うことは難しいかもしれませんが，ぜひ社内外のデータ分析の専門人材と協力することでトライしてみてください。

● 職種別に活躍度と適性の関係を比較する

　ここまでご紹介した方法で，職種別に活躍度と適性の関係を把握することで，異動・配置の参考となる情報を得ることができます。たとえば，営業職とスタッフ職の比較例は**図表5 - 7**のようになります。

　確認していくと，

- 営業職の活躍層でのみ高い「外向性」
- 営業職と比較し，スタッフ職で高い「調和性」

**図表　5 - 7 **　職種別の活躍度と性格特性の関係

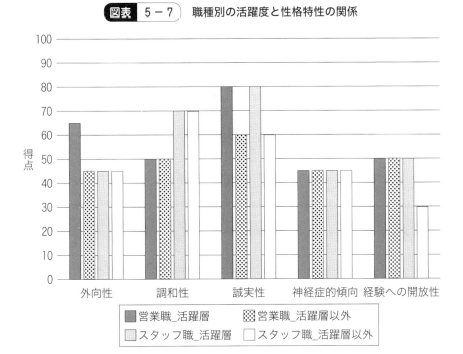

- 活躍層以外と比較し，活躍層で高い「誠実性」
- いずれの層でも差がない「神経症的傾向」
- スタッフ職の活躍層以外でのみ低い「経験への開放性」

のような傾向が確認できます。

　この結果にもとづき，

- 活躍層であるか否かを見極めるために，誠実性に着目する
- 営業職では外向性，スタッフ職では経験への開放性に着目する

のようなことを行うことで，職種別の活躍層の特徴を把握することができます。なお，このような差の有無が統計的に有意であるか否かを確認するためには，「対応のない 2 要因の分散分析」を利用することができます。

　また，**図表 5 - 8** のように，複数の職種に対する活躍確率の予測をし，個人ごとに向いている職種，向いていない職種を確認するという取り組みもなされ

図表 5-8 個人ごとの職種別の活躍確率の予測値

	活躍確率	
	営業職	スタッフ職
Aさん	0.76	0.25
Bさん	0.12	0.71
Cさん	0.32	0.28
Dさん	0.58	0.82
Eさん	0.26	0.52

ています。

　なお，実際にこのような分析を行うと，同じ人がどの職種に対しても同じような活躍確率になることもあります。その場合は，新たな変数を追加し，個人内での各職種に対する活躍確率にメリハリがつくよう，再度予測アルゴリズムを作りなおした方がよいかもしれません。それによって，より多くの人が活躍できる場を見つけられるようになります。

5　上司や職場メンバーとの相性を確認する方法

◻ 相性を確認する2つのアプローチ

　人間同士の相性を確認するために，ここでは大きく2つのアプローチを考えます。一つは，「似ている人は，相性が良い」という前提にもとづくアプローチです。もう一つは，そのような前提は置かずに「相性が良い組み合わせは，何によってもたらされているか」から探索するアプローチです。

◻ 「似ている人は，相性が良い」にもとづくアプローチ

　シンプルな方法の一つは，「食い違いがあると，上手くいかないことがあ

図表　5 － 9　価値観による人材のマッピング

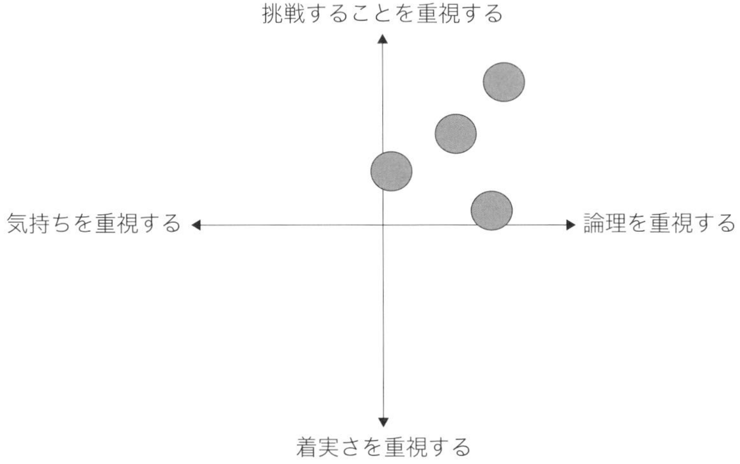

挑戦することを重視する

気持ちを重視する　　論理を重視する

着実さを重視する

る」ことが確認されている，あるいはそのような仮説が置ける性格，行動，価値観などの特徴の類似度を確認する方法です。

　たとえば，「挑戦することを重視するか，着実さを重視するか」と「論理を重視するか，気持ちを重視するか」という点で，価値観のアンケート結果をもとに，**図表 5 － 9**のように職場の人材の特徴をマッピングすることができます。

　「挑戦することを重視」し，「論理を重視」する人で構成されている職場です。もし，この職場に，「着実さを重視」し，「気持ちを重視」する人が配属されたとしたら，一人だけ異なる価値観を持っているため，日々の仕事のさまざまな場面で食い違いが生じ，適応に苦労することが予想されます。

　誰と誰が似ているかを発見する方法は，他にもあります。代表的なものは，ある集団の中で似ているもの同士をグループ分けする「クラスター分析」という手法です。たとえば**図表 5 －10**のような人材のタイプを発見することができます。

　こちらのグラフは，タイプ 1 ～タイプ 3 のそれぞれに分類された人の性格特性の平均値を示しています。

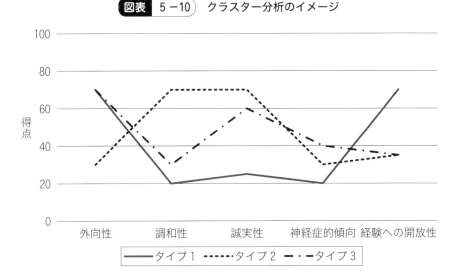

図表 5-10 クラスター分析のイメージ

それによって，たとえば，

- タイプ1：「外向性」と「経験への開放性」が高い
- タイプ2：「調和性」と「誠実性」が高い
- タイプ3：「外向性」と「誠実性」が高い

などの特徴を確認することができます。それによって，人の組み合わせごとに，タイプが一致している，していないなどを確認することができます。

◯「相性が良い組み合わせは，何によってもたらされているか」を探索するアプローチ

ここまで，「似ている人は，相性が良い」という前提を置いたアプローチをご紹介しました。一方，「違いがあるからこそ，楽しい」ということや，「違いがあるからこそ，新しいアイディアが生まれる」ということもあります。また，管理職層とメンバー層において，似ているか否かを確認するための共通の適性検査のデータがない場合もあります。そのような場合には，他のアプローチで「相性の良い組み合わせ」を探索する必要があります。

図表 5-11　管理職とメンバーの組み合わせによる相性の分析

		管理職のタイプ		
		タイプA	タイプB	タイプC
メンバーの タイプ	タイプ1	4.5	3.0	2.8
	タイプ2	2.5	2.6	4.2
	タイプ3	3.2	3.8	3.5

※表中の数値は該当するセルにあてはまるメンバーの満足度で，
　値が大きいほど平均的な満足度が高い（5点満点）

そのような方法の例は，たとえば**図表5-11**のように，

- 管理職層は，管理職向けに行っている適性検査をもとにクラスター分析で人材のタイプ分けを行う
- メンバー層は，メンバー向けに行っている適性検査をもとにクラスター分析で人材のタイプ分けを行う
- 両者のタイプの組み合わせごとに，メンバー層の満足度の平均を比較する

ことです。

　結果を確認することで，「管理職のタイプA，メンバーのタイプ1の組み合わせは，メンバーの満足度が4.5と高く，相性が良い」，「管理職のタイプA，メンバーのタイプ2の組み合わせは，メンバーの満足度が2.5と低く，相性が悪い」などの傾向が確認できます。

6　第5章のむすび

　最後に，適合や相性の観点を利用する際の留意点を上げ，第5章のむすびとします。

◻ 適性や相性が合うことが絶対か

　適性や相性によって，職務との適合，上司との適合，また職場との適合を一

定程度高めるということに、違和感はないかもしれません。しかし、「適性のある職務に携わることが良いこと」と必ずいえるのでしょうか。

たとえば、本人が「したい」という職務について、適性がないという理由で本人の異動希望を認めないことは、良いことなのでしょうか。また、苦手な仕事から学ぶこともある中、「合っている」ことのみを重視することが、良いのでしょうか。

このようなとき、たとえば、「合っていない可能性があるので、その点は留意する」のようなアドバイスを行う方法のほうが適切かもしれません。

◻ 過去の成功モデルを適用してよいか

第4章でも述べていますが、データを用いた予測は、あくまで「過去に活躍した人の特徴」です。よって、環境変化などが起きた際に、過去の勝ちパターンが通じなくなっている場合、そのモデルを用いることで、かえって不適応者を生み出してしまう可能性があります。

◻ 画一化の恐れはないか

職務との適応、上司や職場との適応、いずれも「活躍している人と近い人を集める」ことや、「職場のメンバーと類似した人を集める」というアプローチとなります。その結果、「似た人ばっかりの組織」になるリスクがあります。

結果として、職場の中で、たとえば「性格特性の多様性」が小さくなる可能性があります。一人ひとりの適応を追い求めた結果、「過剰適応」してしまい、多様性による強みが失われてしまう恐れがあります。

◻ 人による判断が大切

ここまで述べたとおり、職務との適合や、人と人の相性を用いて人材の異動・配置を考えることにはリスクもあります。よって、自社の状況、組織として目指す状態等をふまえた上で、データから得られた適合度の情報を参考に、異動・配置を検討することが欠かせません。

　一方で，「適合しない部分があることが事前にわかる」ことによって，新しい経験を積む際に注意すべき点などがわかれば，これまで以上にチャレンジングな配置が可能になるともいえます。ぜひ，本章で紹介したような取り組みを参考に，自社ならではの異動・配置やタレント・マネジメントのあり方を描いていってください。

第5章のポイント

- 職種変更や初期配置など，経験のない職務に対する適性を把握するのに，「個人と環境の適合」の観点が有効です。
- 一つの方法として，適性検査を活用し，職務との適合，上司や職場メンバーとの相性などを確認することができます。
- 実際の運用にあたっては，画一化の問題などに留意することが大切です。

第6章 組織サーベイを活用して組織の機能を高める

診断型組織開発という言葉があるように，組織開発では「診断＝現状把握」のために人事データが活用されることが少なくありません。そこで本章では，「組織サーベイ」を中心に，組織の機能を高めるための人事データ活用についてご紹介します。

1 組織の機能を高める取り組み＝組織開発

⬜ 組織開発とは

企業全体，あるいは課や部などの個々の組織，それらの健全性や効果性を高めるための取り組みが，「組織開発（Organization Development；OD）」です。日本ではまだ企業内で組織開発を専門とする部署は少ないですが，近年，耳にする機会が多くなってきた言葉です。

組織の健全性や効果性を高めるためには，従業員など組織に所属する人材一人ひとりの健全性や効果性を高めるアプローチと，人と人の関係性や相互作用の健全性や効果性を高めるアプローチがあります。組織開発では主に，「人と人の関係性や相互作用」に対して働きかけが行われます。

⬜ さまざまな組織開発のアプローチ

組織開発と一言にいっても，実に多様なアプローチがあります。たとえば，**図表6－1**のように，「どのような変化を起こすか」，「何に着目するか」，「どのような道具・方法を使うか」，「何を変えるか」などの観点によって，さまざまなアプローチが提唱されています。

図表 6-1 組織開発のアプローチを分類する観点例

	診断型	対話型
どのような変化を起こすか	行動の変化	マインドセットの変化
何に着目するか	組織の弱み	組織の強み
どのような道具・方法を使うか	データ	対話
何を変えるか	組織の構造	組織内のコミュニケーション

　大まかにですが，「組織の強みに着目し，対話を通じてマインドセットを変えていく」ことに軸足を置くのが対話型組織開発，「組織の弱みに着目し，データをもとに事実を把握して行動を改善していく」ことに軸足を置くのが診断型組織開発というような定義がされています。

　しかし，現実的には，「データを見て，対話する」のように，これらの観点内の対比は，実務の上では必ずしも対立的に扱われるわけではありません。たとえば，組織開発の3ステップとして中原・中村（2018）で紹介されている「見える化→ガチ対話→未来づくり」でも，「データ（見える化）と対話」は両立しています。本書でも，組織開発において，「データと対話」，「行動の変化とマインドセットの変化」などは両立するものとして，データ活用の方法について考えていきます。

○ 組織開発のプロセス

　組織開発のアプローチによって，組織開発を進めるプロセスも多様です。ここでは，データを活用した組織開発の流れの一例として**図表6-2**をご紹介します。

　まずは，「どのような状況を目指して，組織開発を行うのか」など，「目的の設定」から組織開発はスタートします。そして，組織開発の主体となる部や課やチーム，あるいは全従業員などに，組織開発に対する協力を得るため，「目

図表 6-2 組織開発のプロセス例

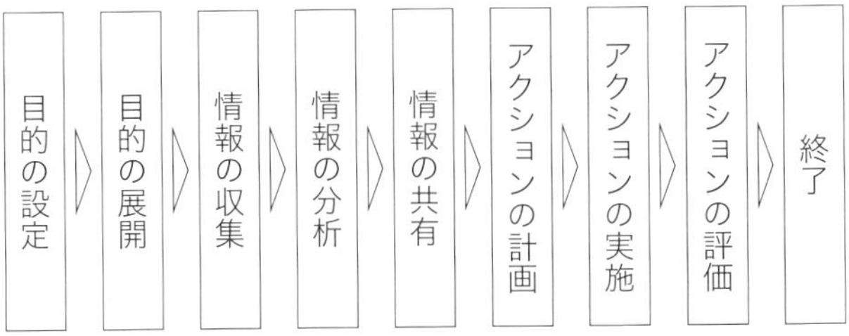

目的の設定 → 目的の展開 → 情報の収集 → 情報の分析 → 情報の共有 → アクションの計画 → アクションの実施 → アクションの評価 → 終了

出所：中原淳・中村和彦（2018）内の「診断型組織開発の進め方＜OD Map：Tschudy（2006）＞」を参考に筆者作成

的の展開」を行います。

　続いて，組織の現状把握，「情報の収集」を行います。組織の現状を把握するために，組織目標の達成度をあらわすKGIやKPIの状況，また組織のメンバーの心理状態など，必要な情報を収集します。その上で，それらについて「情報の分析」を行い，組織の状況や問題を把握したりします。そして，関係者に対して，それらの「情報の共有」をしていきます。

　共有された情報をもとに，それぞれの組織で具体的な「アクションの計画」をし，「アクションの実施」をするのが次のフェーズです。たとえば，「営業担当と営業アシスタントの間で，情報伝達がうまくいっていない」という実態が確認された場合，「情報共有の仕組みを作る」や「情報共有の頻度を高める」などが，具体的なアクションです。

　アクションを実施したとしても，成果が出るとは限りません。よってその後，アクションの成果が出たかをモニタリングし，成否などについて「アクションの評価」を行います。成功した場合，その取り組みを一旦終了する，さらに継続する，他の部署に横展開するなどを行います。うまくいっていない場合は，さらに原因の追求を行い，新しいアクションをとることとなります。

　このプロセスを見ると，たとえば「目的の設定」「目的の展開」は，対話的なプロセスです。「情報の収集」「情報の分析」は，データ活用のウェイトが大きなプロセスとなります。そして，「情報の共有」や「アクションの計画」「ア

クションの実施」は，また対話的なプロセスになります。そして，「アクションの評価」ではデータを活用したり，対話による検証を行ったりします。

このように，組織開発は，データ活用と対話を組み合わせた取り組みとなります。そして，組織の現状を把握する点では，「組織状態の可視化」が不可欠です。

◯ 組織状態の可視化

組織状態は，さまざまなデータをもとに可視化することが可能で，実際に皆さんの所属する組織でも多様な取り組みがあると思います。

たとえば，**図表6－3**のように月別・個人別に労働時間を確認することでも，個人ごとの仕事の特性や個人間の仕事の偏りの片鱗が見られるという点において，「組織状態の可視化」といえます。

上記はあくまで例ですが，半期を通して比較的労働時間が短いAさんと長いBさん，半期の前半が忙しいCさんと後半が忙しいDさん，変動が大きいEさんなど，個々人の状況を捉えることができます。

図表 6－3 月別・個人別の労働時間の推移による組織状態の可視化

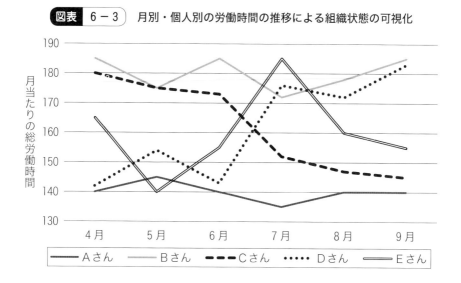

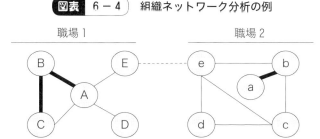

図表　6-4　組織ネットワーク分析の例

注：線の太さは，コミュニケーション量の多寡で，多いほど太い

　また，最近注目される手法に，組織ネットワーク分析（Organizational Network Analysis；ONA）というものがあります。メールやチャットのやり取りの履歴などをもとに，**図表6-4**のように「人と人のつながり」を表現する手法です。

　この例の場合，職場1ではAさんを介して他のメンバーがつながっている傾向にあることが分かります。職場2では，職場1に比べると一人がつながりの中心になる傾向が弱いことが分かります。また，職場1と職場2はEさんとeさんを介してつながっているということも分かります。職場のコミュニケーションの要になっている人材の発掘や，部署間の連携具合を確認するなどの用途で，このような分析が行われることがあります。ただし，メールやチャットのデータはプライバシー侵害の懸念もあり，取得・利用についての同意が得られにくい側面もあります。仮に実施する際には，慎重な姿勢で取り組む必要があります。

　そして，満足度やエンゲージメントなどの「組織サーベイ」のデータをもとに職場のコンディションを可視化する方法もあります。組織サーベイのデータは，「データが整っていて，比較的使いやすい」わりには，「十分に活用できていない」と筆者は考えています。よって，ここからは組織サーベイの活用を中心に，組織開発におけるデータ活用の方法についてご紹介していきます。

2　組織サーベイの概要

◯ 組織サーベイとは

　企業の中ではサーベイ，アンケート，調査などさまざまな名称で，**図表6－5**のような調査票形式の組織・人に関する情報収集が行われています。本書では，これらを「組織サーベイ」と呼びます。

　組織サーベイは，必ずしも組織開発を目的としたものではなく，「組織の健康状態を把握するための定点観測」のように実施されているケースもあります。それゆえ，組織サーベイには，多岐にわたる内容が質問として含まれていることも少なくありません。たとえば，満足度やワーク・エンゲージメントなど，「個人の心理状態」を聞かれることがあります。また，経営ボード，マネジャーなどの上司，職場，また人事制度の機能状況が聞かれることもあります。

　しかし，これらの内容の多くは，「組織がどういう状態にあるか」，また，

図表　6－5　　組織サーベイの例

あなたの職場の状態について伺います。 それぞれの項目について，あてはまると思う程度を選択してください。	あてはまる	ややあてはまる	どちらともいえない	ややあてはまらない	あてはまらない
私の職場では，思ったことを自由に…	○	○	○	○	●
私の職場では，お互いに責任を持って…	●	○	○	○	○
私の職場では，一致団結して…	○	○	●	○	○

「皆が，組織のことなどのように見立てているか」の現れであり，まさに組織状態を可視化したものです。それゆえ，このような情報は，ここまでで述べてきた組織開発を目的としても使えるものが多いといえます。逆にいえば，組織開発の中で現場を巻き込んで内容を解釈し，組織をより良くするためのアクションにつなげなければ「もったいない」情報といえます。

　組織内でサーベイを継続し，従業員の回答へのコミットメントを引き出すためにも，ぜひ組織開発につなげる視点で活用を検討することをお勧めします。

⬤ 従来型のサーベイとパルス・サーベイ

　近年，「パルス・サーベイ」という言葉を耳にすることが多くなりました。名称の由来は，「パルス（心拍）のような頻繁さ」なので，高頻度で取得するのが特徴です。従来型のサーベイと，パルス・サーベイの対比は，あえて極端に示すと**図表6－6**のようになります。

　それぞれねらいが異なっているため，両者が併用されることも少なくありません。また，これはあえて極端に対比したものなので，実際には，「組織の状態を，月に1回，匿名で把握するパルス・サーベイ」も存在します。

　いずれにせよ，目的，頻度，項目数，匿名の扱い，フィードバックまでの期

図表 6－6　従来型のサーベイとパルス・サーベイ

	従来型のサーベイ	パルス・サーベイ
目的	組織の健康状態の詳細把握	個人のコンディションの変化の把握
頻度	年1回など，少ない	月1回など，多い
項目数	多い	少ない
匿名の扱い	組織に対する率直な回答を促すため，匿名	個人状況把握のため，記名
フィードバックまでの期間	分析等を経て組織状態を明らかにするため，長い	個人のコンディションに対して手を打つため，短い

間など，サーベイを通じて行いたいことをもとに適切に設定することが大切です。また，先に述べたとおり，「現場へのフィードバック」を適切に行っていくことで，サーベイに対する現場の協力意向を高めていくことが欠かせません。

3　組織サーベイ結果の活用方法

◎ データを集計し，確認する

　組織サーベイの結果は，人事部，経営層，また現場にまで展開し，確認するものです。その際，第一に，会社全体，部署別，年代別など，関心のある単位ごとにデータを集計し，度数分布や平均値などを確認することが多いです。ここでは，いくつかの方法をご紹介します。

◎ 度数分布を確認する

　まずは，度数分布を確認する方法があります。たとえば，5段階のリッカート形式であれば「1：あてはまらない〜5：あてはまる」について，選択肢ごとの度数，それをもとにした選択肢ごとの選択率をまとめることができます。

図表　6-7）　さまざまな度数分布のまとめかた（選択率の例）

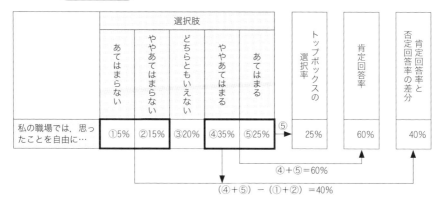

　この方法から派生して，たとえば一番肯定的な回答である「選択肢 5 ＝トップ・ボックスの選択率のみに着目する」方法や，肯定回答率である「選択肢 5 と選択肢 4 の選択率の和をまとめる」方法もあります。また，肯定回答率と否定回答率の差を求め，それを項目ごとに一覧化する方法もあります。

　それぞれの方法のイメージは，**図表 6 − 7** のとおりです。これらは，シンプルでわかりやすい方法といえます。

◯ 平均値を確認する

　他には，「1 ：あてはまらない〜 5 ：あてはまる」という選択肢について，それぞれを「1 ／ 2 ／ 3 ／ 4 ／ 5 」という数値として扱い，会社全体や職場ごと，また職種別や年代別など，さまざまな単位で平均値を求める方法もよく用いられます。なお，平均値を求める際の前提は，選択肢の間隔がおおよそ等間隔とみなせることです。

　たとえば，以下のような場合は，平均値を求めるのではなく，度数分布を確認するようにしてください。

- 「あなたが所属する職場で，より高めたいと思うものを一つ選択してください」に対して，「1 ：一体感／ 2 ：効率性／ 3 ：自律性／ 4 ：成果の明確さ」のように，順序に意味がない選択肢が設けられている

- 「当社の自己申告制度について，あなたの実態として，あてはまるものを一つ選択してください」に対して，「1 ：制度の内容を理解していない／ 2 ：制度の内容は理解しているが，利用したことはない／ 3 ：制度の内容を理解しており，利用したことがある」のように，一軸上で順序をつけることが難しい選択肢が設けられている

- 「あなたが 1 週間のうち，協働する人の数として，あてはまるものを一つ選択してください」に対して，「1 ：5 名未満／ 2 ：5 名以上10名未満／ 3 ：10名以上20名未満／ 4 ：20名以上」のように，順序に意味があるものの等間隔とはみなし難い選択肢が設けられている

◯ 起こりがちな誤用

　度数分布や平均値を求め，複数の設問に対する回答結果を一覧化する方法は
よく用いられますが，1点注意が必要です。たとえば，職場の「よい状況」に
ついての質問を例にとると，「『あてはまる』の選択率が高いほど」，あるいは
「平均値が高いほど」，よい状況が達成できているとは限らないことです。たと
えば，**図表6−8**のようなケースを考えてみてください。

　「私の職場では，各自が責任を持って仕事に取り組んでいる」については，
平均値が高く，「あてはまる」の選択率が高くなっています。一方，「私の職場
では，過去に前例のない新しいことにチャレンジしている」については，平均
値が低く，「あてはまる」の選択率が低くなっています。

　この場合，「各自が責任を持って仕事に取り組んでいる」ことはできていて，
「過去に前例のない新しいチャレンジをしている」ことはできていないと考え
てよいのでしょうか。

図表 6−8 平均値と選択率の一覧の例

	平均値	あてはまらない	ややあてはまらない	どちらともいえない	ややあてはまる	あてはまる
				選択肢		
私の職場では，各自が責任を持って仕事に取り組んでいる	4.2	5%	5%	10%	25%	55%
私の職場では，立場にとらわれずお互いの考えを理解し合おうとしている	3.7	5%	10%	25%	30%	30%
私の職場では，過去に前例のない新しいことにチャレンジしている	3.2	10%	20%	20%	40%	10%

　もちろん，そのように考えることは必ずしも間違いではありません。一方で，「責任を持って仕事に取り組む」ことは当たり前のことで，「過去に前例のない新しいことにチャレンジする」ことは難度の高いこととも考えられます。

　よって，「『責任を持って仕事に取り組んでいる』に『あてはまる』と回答している人が55％しかいない」，また，「『前例のない新しいことにチャレンジしている』に『あてはまる』と『ややあてはまる』に回答している人が合計50％もいる」と考えることもできます。この場合，まずは「責任を持って仕事に取り組む」ことをさらに徹底することの優先順位が高いかもしれません。

　「肯定回答率が低い順」や「平均値が低い順」に項目を並べ替え，低いものから優先して施策の対象とするアプローチが必ずしも正しいとはいえないことに留意が必要です。

● 比較することの意義

　そこで有効なのが，「比較すること」です。たとえば，「自社の全体平均と，個別の部署平均を比較する」のように，他の対象と比較するのが一つの方法です。それによって，肯定選択率が高くなりやすい項目や，低くなりやすい項目が何かが分かり，それに照らしての出来，不出来などが判断できるからです。組織サーベイを専門に扱う事業者のツールを利用することで，その事業者が持つ参照データをもとに，「複数の他社の平均（リファレンス・データ）と比較する」のも有効な方法です。

　また，「昨年の傾向と，今年の傾向の比較（経年比較）」も有効です。それによって，「今年悪化したことについて，対策を取ろう」というようなことを考えることができます。

4 基礎的な組織サーベイの分析方法

◯ 分析の単位を考える

　ここからは，集計から一歩進んで，組織サーベイ内のさまざまな項目の関係性の分析についてご紹介します。まず考えなくてはならないのは，「個人ごとの回答結果を分析の単位とする」のか，「課やグループごとに算出した平均値を分析の単位とする」のかです。組織の特徴を捉える場合には，課やグループを分析の単位とすることが多いです。

　ただし，「個人の満足度は，どのような要因によって高まるのか」のように，個人の状態に関心がある場合は，個人を単位とした分析を行うべきです。よって，目的に応じて分析単位は使い分けてください。

　なお，本書では割愛しますが，「課やグループに，個人が所属する」という階層構造があることを前提に，課やグループという組織レベルの要因と，個人レベルの要因を同時に考慮するような分析方法（たとえば，階層線形モデル）が使われることもあります。

◯ 相関係数で関連性を見る

　たとえば「ワーク・エンゲージメントを高めるためには，職場をどのような方向に導けばよいか」のような関心を持ち，分析を試みることを考えてみてください。シンプルな方法は，「職場単位でサーベイの各項目の平均値を算出し，ワーク・エンゲージメントと職場の機能状況を表す項目の相関関係を確認する」ことです。分析に用いるデータのイメージは，**図表6-9**です。

　そして，分析の結果得られる相関係数は，**図表6-10**のような形でまとめられます。

　相関係数は，-1～+1の間の値を取り，直線的な関係性の強さを表します。絶対値が1に近いほど，関係性が強いことを意味します。また，プラスの場合

図表　6-9　職場単位の平均値を用いたデータ例

	ワーク・エンゲージメント	仕事の裁量	上司からの支援	公正な評価
職場1	2.5	3.8	2.9	3.2
職場2	3.6	2.9	3.0	3.4
職場3	4.2	3.6	3.8	3.3

図表　6-10　相関係数のイメージ

	ワーク・エンゲージメントとの相関係数
仕事の裁量	0.62
上司からの支援	0.33
公正な評価	0.27

は「一方が高くなれば，他方も高くなる」，マイナスの場合は「一方が高くなれば，他方が低くなる」関係を示します。

　図表6-10の数値例をもとにすると，「ワーク・エンゲージメントを高める要因」としては，ワーク・エンゲージメントとプラスの大きな値の相関係数を示すものが有力な候補となります。図表6-10の例では，「仕事の裁量」です。厳密な因果関係を示すものではありませんが，参考になる情報が得られます。

○ 相関係数と平均値を組み合わせる

　相関係数を確認するとともに，平均値を組み合わせて確認する場合もあります。

　たとえば，**図表6-11**のように，「相関係数を横軸，平均値を縦軸」にとり，散布図を用いて分析結果をまとめてみます。なお，課などの組織を分析単位とした場合，前節のように相関係数は課などの平均値を用いて算出します。一方，ここでの縦軸は，「会社全体の平均値（全社平均）」などを用います。

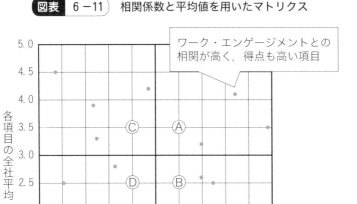

図表 6-11 相関係数と平均値を用いたマトリクス

また，散布図のプロットは，組織サーベイの中の質問です。たとえば，「私は，自分の裁量で仕事の進め方をコントロールできる」，「私は，仕事をすすめる際に，上司から必要なときに支援が得られる」，「私は，自分のあげた成果に対して公正に評価されていると思う」などです。

そうすると，「全社平均が高く，相関係数も高い」，「全社平均は高いが，相関係数は低い」，「全社平均は低いが，相関係数は高い」，「全社平均が低く，相関係数も低い」のように，それぞれの項目の性質について整理することが出来ます。

これによって，

  Ⓐ 得点が良い，かつ相関係数が高い＝強みとして伸ばす

  Ⓑ 得点が悪い，かつ相関係数が高い＝改善点として手を打つ

  Ⓒ 得点が良いが，相関係数が低い＝現状維持

  Ⓓ 得点が悪いが，相関係数が低い＝一旦，改善は見送る

のように整理ができます。これによって，施策の優先順位をつける際に，参考となる情報を得ることができます。

　なお，すでに述べたとおり，「単に得点の高低」に着目することには，リスクも伴います。その場合，縦軸に用いる値は全社平均ではなく，「全社平均とリファレンス・データの差」を用いることで，高い／低い得点が出やすいといった項目のクセを取り除くことができます。

　また，縦軸については，たとえば分析の関心が事業部であり，一定数のデータが事業部で集められるのであれば，事業部の平均を用いることもできます。

5　組織サーベイと他のデータを組み合わせた分析

◎ 組織サーベイ以外のデータで「良い組織」を定義する

　「業績の良い職場」，「品質不具合の出にくい職場」，「業務改善案が多く出る

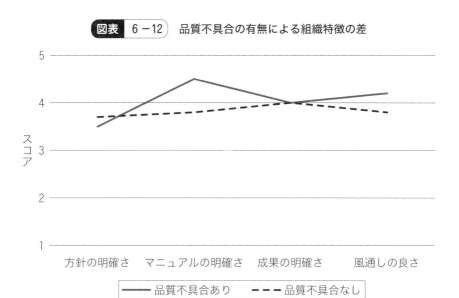

図表 6−12　品質不具合の有無による組織特徴の差

職場」など，状態の良い組織はさまざまな切り口で定義することができます。

その上で，たとえば「売上成長率と組織サーベイの相関」を確認したり，「品質不具合の出ている職場，出ていない職場の組織サーベイの結果の差」を確認したりすることで，状況の良い職場，あるいは状況の悪い職場の特徴を把握することができます。「差」を例にとると，具体的なイメージは**図表6－12**で，ハイパフォーマー分析の組織版といえます。

⚫ ハードな情報と，主観にもとづく組織サーベイを組み合わせる

組織サーベイと，業績指標などを組み合わせることで，他にもさまざまな発見が得られます。組織サーベイは自己回答によるものであり，「主観」にもとづく測定方法です。

よって，業績，労働時間，その他さまざまな「ハードな情報」と組み合わせて分析を行うことで，主観にもとづく組織サーベイのみを用いるのとは異なる発見ができます。

たとえば，「労働の負荷」というものについて，「負担感がある」という主観評価，「労働時間が長い」という客観データ，双方を使った分析について考えてみてください。両者の組み合わせで，4つの群に分けることが出来ます。そして，「労働時間が短く，主観的な量的負担感が弱い」群を基準とし，他の群で特徴的な項目として何があるかを分析すると，たとえば**図表6－13**のような結果が得られます。

この分析はあくまで一例ですが，労働時間が短いわりに主観的な量的負担感が強い職場の特徴の一つとして，「思ったことが率直に言い合えていない」というものが現れてきました。これは，たしかに精神的なストレスとなり，主観的な量的負担感を強める要因になるのではないかと考えられます。

また，労働時間が長く，かつ主観的な量的負担感が強い職場の特徴の一つとして，「役割分担が明確になっていない」というものが現れてきました。たしかに，非効率な業務アサインメントが行われている結果として労働時間が長くなっており，自分の役割が分からないことによるストレスにもつながりそうで

図表 6-13　「労働時間の長さ」と「主観的な量的負担感」を用いた分析例

		労働時間	
		短い	長い
主観的な量的負担感	強い	• 思ったことが率直に言い合えていない	• 役割分担が明確になっていない
	弱い	比較の基準 労働時間が短く，主観的な量的負担感が低いため，4つの群で最も良い状態と仮定	• 関係者との協働がうまく進んでいる

す。

　一方，労働時間が長いわりに，主観的な量的負担感が弱い職場の特徴の一つとしては，「関係者との協働がうまく進んでいる」というものが現れてきました。調整業務などからは解放され，ある種自分の果たすべき役割に集中できているため，労働時間が長くても，主観的な負担感は弱いのかもしれません。

　これらは，データから確認されたことを土台にした「解釈」が含まれます。一方，これらを「仮説」として対話をしたり，実際の職場を観察したりすることで，組織の状態をより良く捉えることができるようになります。結果として，組織の健全性や効果性を高めるためのアクションの質も高まっていきます。

6　第 6 章のむすび

　本章では，「組織開発」という考え方を主眼に置き，組織サーベイのデータ活用の方法についてご紹介しました。組織サーベイは，エンゲージメント向上などに関心が高まる中，実施する企業がこれまで以上に増えつつあります。

　その際，「どのように組織の状態を捉えるか」ではなく，「何のために組織の状態を捉えるか」という観点を，ぜひ忘れないようにしてください。そして，「何のために」の観点として大切なものの一つが，「現場の組織を良くするこ

と」です。

　そのためには，人事などの管理部門のみで組織サーベイの結果から分かった情報を利用するのではなく，現場の組織に情報を開示することが大切になってきます。そして，その情報を現場で活用することを支援することも大切です。

　その際，たとえば職場ごとに組織サーベイの結果について，度数分布や平均値の情報を現場にフィードバックすることは，第一歩として重要なアクションとなります。それだけでも，マネジャーとメンバー，メンバー同士の対話を促進するきっかけとなります。その際，さまざまなフィードバックのための準備をすることで，成功確率を高めることができます。このようなフィードバック方法については，中原（2020）に詳しく，分かりやすくまとめられているため，関心がある方はぜひそちらをご一読ください。

　また，それぞれの職場で，自職場のデータだけを見ていてもできない発見というものもあると思います。その際，本章でご紹介したような分析を行うことによって，人事担当として，全社を俯瞰した課題設定・問題提起などを行うこともできます。

　ぜひ，これらのデータ活用を両輪で回し，組織開発のためのデータ活用を推進していっていただければと思います。

コラム　リモートワーク環境で求められる信頼構築

　コロナ禍の中，企業にもたらされた変化として，「リモートワークの増加」があります。それまで当たり前であった，「毎日，オフィスで顔を合わせて働く」ことが当たり前ではなくなりました。

　急遽，オンライン会議のツールを使うなどして，リモートワークを推進する中，「コミュニケーションが取りづらい」と感じる方や，「周りの状況が見えない」という方も少なくないようです。

　そのような中，「管理職がメンバーのコンディションを把握しやすくするためのパルス・サーベイの導入」や，「ビジネス・チャットのやりとりから，職場のコミュニケーション状況を可視化するツールの導入」に関心を持たれた方

もいらっしゃるかもしれません。

　これらのツールは，適切に利用すれば効果が期待できるものの，「監視のために導入された」と思われると組織のパフォーマンスを低下させるリスクとなります。人事データの活用，あるいは HR テクノロジーの活用には，常にこのようなリスクがつきまといます。

　コロナ禍における業績への打撃，また，リモートワークの導入による働き方の変化，それらを通じて，「組織と個人」の関係が変化しています。これまで以上に「対等な関係」にシフトしていくかもしれません。

　それゆえ，「管理のためではなく，信頼構築のために何ができるか」という視点で，これからは人事データや HR テクノロジーの活用について考えていく必要があります。

第 6 章のポイント

- 組織開発とは，組織の健全性や効果性を高めるための取り組みです。
- 組織開発において，組織状態の可視化は第一歩です。
- 組織状態の可視化には，組織サーベイを利用することが有効です。
- 組織サーベイのデータを分析する，また組織サーベイと他のデータを組み合わせて分析することで，有用な示唆を得ることができます。

◎本章で参照・引用している文献や情報ソース

中原淳（2020）．『「データと対話」で職場を変える技術　サーベイ・フィードバック入門　これからの組織開発の教科書』PHP 研究所

中原淳・中村和彦（2018）．『組織開発の探求 – 理論に学び，実践に活かす』ダイヤモンド社

第7章 人事データ活用における留意点

人事データ活用が進む中，さまざまな問題も表出化しつつあります。人事データを適切に取り扱うためには，どのような問題が起こり得るのかを認識し，問題を予防するために確認すべき点は何かを押さえておくことが欠かせません。本章では，ガイドラインなど，人事データ活用のための留意点をご紹介します。

1 人事データ活用を取り巻く環境

◯ AI・機械学習の浸透に伴う弊害

AIや機械学習がビジネスの世界で，さまざまな業務プロセスの中で活用されるようになってきましたが，人事領域においても活用が始まっています。人事部門にデータサイエンティストを配置するケースもあれば，社内のデータ解析部門と協力して人事データを扱うケースもあります。AI・機械学習の搭載を謳ったHRテクノロジーや人事データ活用のサービスも数多く出てきています。

AI・機械学習が，基礎集計や検定といった既存の統計的手法と違う点は，過去のデータから要因と結果を学習し，モデルをつくることで新しいデータに対して予測を行うことに重きをおいていることです。その過程で，人の目だけでは発見できない関係性が明らかになったり，自動化することで工数削減が実現したりすることもあります。

一方で，人事というセンシティブな領域でAI・機械学習を適用する場合は，その効能だけではなく限界や問題にも着目する必要があります。

　具体的には，予測時（スコアリング，プロファイリングなど）における以下の問題があげられます。

(1)　ブラックボックス問題

　学習に使う変数の多さや，モデル構築の際に用いるアルゴリズムの種類によっては，予測の根拠（どの変数が，どれくらいの影響度を持っているのか）が明示しづらくなることがあります。このような問題をブラックボックス問題といいます。**図表7－1**における「記述的分析」「診断的分析」のプロセスを踏まず，「予測的分析」「処方的分析」のみを AI や機械学習によって実現しようとすると，特に起こりやすい問題です。それに伴い，人の解釈が介在しない

図表　7－1　さまざまなデータ利用・分析の方法（図表1－3再掲）

アプローチ		具体例
記述的分析	一つ一つ確認する	• 個々人の満足度を確認する • ダッシュボードにして，個々人の特徴を多角的に把握する
	要約する，図表で見える化する	• 男女別の管理職比率を確認する • 年齢別の給与分布をグラフで視覚的に確認する
診断的分析	関係性を確認する，要因解析をする	• ハイパフォーマーの性格特性を明らかにする • 高業績職場の職場風土を明らかにする
予測的分析	予測する	• エントリーシートの記述内容から，自社への適性を予測する • 勤怠実績から，メンタルヘルス不調のリスクを予測する
処方的分析	自動的にアクションを起こす	• 自社が求める人材像に近い人材に，応募案内メールを送る • スキルテストの結果をもとに，推奨研修の案内メールを送る

まま自動で算出された予測結果のみが独り歩きしてしまうことがあります。

⑵　人間としての尊厳の毀損に関する問題

　AI・機械学習による予測はあくまでも,「データ化された,個人の特徴の一面を表す情報」のみから行われるものです。また,あくまで「確率論」の域を出ないものです。よって,「データが捉えている側面の偏り」,「データの誤差」,また「個人は変化・成長すること」に目を向けないまま予測結果をそのまま個人のラベリングにつなげてしまうと,人間としての尊厳を毀損してしまう可能性があります。

⑶　差別の再生産に関する問題

　AI・機械学習による予測は,過去のデータをもとにして行います。よって,予測のための学習に用いるデータセットに偏りがあると,その偏りにもとづく学習が行われ,予測時に偏りを再生産してしまうケースが考えられます。

　たとえば,もともと男性が多い職種での活躍予測を行った際に,「活躍可能性は,男性の方が高く,女性の方が低い」という結果が得られることなどが起こり得ます。

　このように,「学習データにおけるマイノリティ」に不利な予測が繰り返される可能性があります。

　以上の観点はAI・機械学習の利活用に端を発した問題の一部に過ぎず,昨今ではデータ利活用場面全体における問題や注意しておくべきポイントが表出化されるようになってきました。特に人事領域においてはデータそのものの機密性,利活用の影響力・範囲を鑑み,慎重に利活用の方法を検討していく必要があります。

　続いて,世界や日本で実際に起こった問題や,ルール作りの動向を中心にご紹介します。

◻ 世界の動向

　人事データを積極的に経営人事に活用していこうとする動きが加速する中，そのデータの主体である一人ひとりの人権や主体性を尊重するために，人事業務従事者やサービス提供者の高い倫理観が求められています。データの活用と個人の権利をめぐっては，EU を中心に海外でも議論がなされてきています。

　EU では，2018年5月25日に「一般データ保護規則」（GDPR: General Data Protection Regulation）が施行されました。GDPR は，その前身とされる「EU データ保護指令」よりも厳格な「規則」として位置づけられ，個人データを扱う管理者・事業者に対する影響力を持っています。その前文では，「個人データの取扱いと関連する自然人の保護は，基本的な権利の一つ」と定められており，データ主体となる個人との明確な同意や，利活用におけるアカウンタビリティの要求，完全自動意思決定の原則禁止等の具体的で高い（厳しい）水準を求めるものです。

　人事領域へのテクノロジーの導入が進むアメリカにおいても，人事領域におけるデータ活用をめぐって議論がなされてきました。その中で，たとえばイリノイ州では，2020年1月に「AI 動画面接規制法（Artificial Intelligence Video Interview Act）」が施行されました。AI を用いた面接を行う場合には，志願者へ事前告知を行い同意を得ること，志願者の要求にもとづき30日以内にデータを破棄することなどが規定されるに至っています。

◻ 日本の動向

　日本国内においても，AI の利活用やパーソナル・データの管理・活用についてこれまで検討がなされてきましたが，昨今その議論が加速度的に進んでいます。法整備はもちろんのこと，国内外のさまざまな議論が収斂される中で，AI やデータ活用にまつわる自主的なガイドライン化も進んでいます。たとえば2020年3月には，一般社団法人ピープルアナリティクス＆HR テクノロジー協会が，9つの原則からなる「人事データ利活用原則」を発表しました。国内

の事業者・利用者における適切な人事データの利活用を実現するための「原則」として提示されています。法令に加え，このような原則に照らした各社における自主的なルール整備や見直しが今後進んでいくものと考えられます。

2　各種ガイドラインの紹介

⭕ AI利活用ガイドライン（総務省　AIネットワーク社会推進会議）

「AIの便益の増進とリスクの抑制を図り，AIに対する信頼を醸成することにより，AIの利活用や社会実装が促進すること」を目的としたガイドラインです。AI利活用原則としては，以下の10の原則が示されています。なお，10の原則については，AIを利用する分野の特性に応じて，利用者がどの原則に，どの程度の措置を講じるかを自主的に検討することが想定されています。

① 適正利用の原則
② 適正学習の原則
③ 連携の原則
④ 安全の原則
⑤ セキュリティの原則
⑥ プライバシーの原則
⑦ 尊厳・自律の原則
⑧ 公平性の原則
⑨ 透明性の原則
⑩ アカウンタビリティの原則

❏ 人事データ利活用原則（ピープルアナリティクス＆ HR テクノロジー協会）

データ利活用における原則として以下の9つが設定されています。明確な基準やガイドとしてではなく，あくまでも原則として位置づけ，各社ごとの倫理基準と照らして，自社のルールを整備する際に参照するチェックリストとしての機能が期待されるものです。

① データ利活用による効用最大化の原則

② 目的明確化の原則

③ 利用制限の原則

④ 適正取得原則

⑤ 正確性，最新性，公平性原則

⑥ セキュリティ確保の原則

⑦ アカウンタビリティの原則

⑧ 責任所在明確化の原則

⑨ 人間関与原則

❏ 共通するのは「人間中心」の考え方

2つのガイドラインをご紹介しましたが，共通するのは「人間中心」の考え方です。データの主体である一人ひとりの人権や権利を尊重し，利用者側が意図する・しないに関わらず一方的な不利益や差別を生まないようガイドラインに照らした十分な検討が求められます。

また，人事データ活用においては，FAT（Fairness, Accountability, Transparency）という3つの観点が重要とされています。「公平性：Fairness」，「説明責任：Accountability」「透明性：Transparency」の観点からデータ活用の在り方を見つめ，適切かつ個人にとって意味のある活用を志向していくことが今後一層求められます。

　なお，本書ではそれぞれのガイドラインの概要をご紹介しました。その詳細について，ぜひ各原則の原典をご確認ください。

● 企業独自のガイドラインの例（セプテーニ・ホールディングス）

　人事データ活用を積極的に推進している企業の一つが，株式会社セプテーニ・ホールディングスです。同社は人材データを専門に研究を行う組織として「人的資産研究所」を設立し，採用，適応，育成，アルムナイ・ネットワークの４つの領域を中心に研究を重ねるとともに，自社の現場でその知見を生かしたさまざまな施策を展開しています。

　同社では，採用段階から人事データが積極的に活用されています。たとえば，入社後のパフォーマンス予測にもとづいて選抜を行ったり，ミスマッチ解消のために内々定者に対してシミュレーションによる入社後のキャリア予測の提示を行ったりしています。このような取り組みにおいて欠かせないのは，求職者に対しても分かりやすく人事データ活用の方針・方法を伝えることです。

　同社はまさにそれを体現し，「デジタル HR ガイドライン」（URL　https://www.septeni-holdings.co.jp/dhrp/guideline/index.html）を，**図表７−２**のよ

図表　7−2　セプテーニ・ホールディングスの「デジタル HR ガイドライン」

出所：同社ホームページ

うに求職者に限らず誰でも見られるように公開しています。

ガイドラインには,

- 「個人の成長を最大化する」,「個人の成長を通じて企業価値を向上させる」という「デジタル HR の基本方針」
- 「相互利益」,「信頼構築」,「リスク抑制」という「デジタル HR の三原則」
- 三原則の遵守を監督する「デジタル HR 委員会」の体制や活動計画に関する「デジタル HR の運用体制」
- 取得する個人情報, およびその利用目的に関する「個人情報の取得と利用内容」

が誰にでも分かりやすく理解できるように記載されています。

なお, 同社のガイドラインは, 先に紹介したピープルアナリティクス & HR テクノロジー協会のガイドライン等をふまえた内容となっています。実際, 三

図表 7 - 3 セプテーニ・ホールディングスの「デジタル HR の三原則と8つの判断基準」

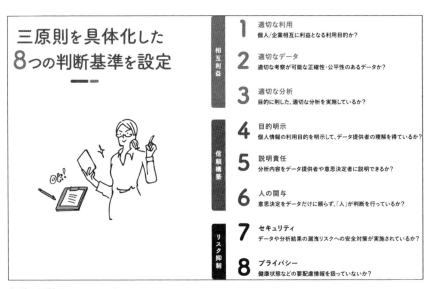

出所：同社ホームページ

原則の中には，より具体化した「8つの判断基準」として，協会のガイドラインの「原則」と符合するものも提示されています（**図表7－3**）。

　内容の具体性，分かりやすさとも，非常に参考になるものなので，ぜひ一度，皆さんもウェブサイトで「デジタル HR ガイドライン」の全内容をご確認されることをお勧めします。

　また，同社は「Digital HR Project」として，データ活用の事例・研究についても公開しています。こちらの内容も参考になるものなので，ぜひ合わせてご覧ください。

3　自社人事データ活用の際の留意点

　前節では人事データ活用動向や一般的なガイドラインの内容，また，自社で独自に作成されたガイドラインの具体例として，セプテーニ・ホールディングスの「デジタル HR ガイドライン」もご紹介しました。

　最後にここでは，実際に自社の人事データを活用・解析する際のステップに沿って留意すべきポイントを**図表7－4**に整理しました。ピープルアナリティクス＆ HR テクノロジー協会の「人事データ利活用原則」との対応づけも簡易的に行っています。外部のガイドラインや自社ポリシー等を適宜参考にしながら，自社の人事データ活用を推進していってください。

第7章のポイント
- 人事領域においてはデータそのものの機密性，利活用の影響力・範囲を鑑み，慎重にその方法を検討していくことが必要です。
- 大切なのは，公平性，説明責任，透明性の観点，そして「人間中心」の考え方です。
- 各種ガイドラインを参考に，データの主体である一人ひとりの人権や権利を尊重し，利用者側が意図する・しないに関わらず一方的な不利益や差別を生まないよう自社なりのルールを作ることが大切です。

128

図表 7-4　人事データ利活用における留意点の整理（例）

データ活用の ステップ	ステップ概要	留意すべき ポイント	「人事データ利活用原則」との対応
目的を明確に する	人事データを何のために，どのような施策に活用したいのか，を言語化する。	・企業とデータ提供者本人双方の利益を意識する。 ・合理的に説明できるレベルまで言語化する。	［1］データ利活用による効用最大化の原則 データを活用する側（企業）だけでなく，入社希望者や従業員に提供される利益・価値も明確にする。情報の利活用によって，労使双方にとっての効用の最大化を図るように努める。 ［2］目的明確化の原則 人事データの利用目的は，従業員が合理的に想定できるよう明確化し，その範囲内で使用する。従業員が想定しない方法で人事データが利用される場合には「どんな種別・内容のプロファイリングを実施しているか」などを明示する。
設計する	成果と施策のために必要なデータ，解析手法とツール，人員，コストなどを洗い出してスケジュールとともに設計する。	・目的に対して適切（妥当）なデータが何かを確認し，偏りをできるだけ排除する。	［5］正確性，最新性，公平性原則 プロファイリングなどを実施する場合，元データと処理結果，双方の正確性と最新性を確保する。データセットの偏向が結果に影響を及ぼしていないかをチェックし，可能な限りデータセットの公平性を保つ。
データを取得 する	設計段階で洗い出した対象データについて，本人の同意を踏まえて取得する。	・同意が無い個人情報は取得しない。 ・過去に同意があった場合にも，当時の目的の範囲を超えていないか，常に確認を怠らない。	［4］適正取得原則 不正な手段で個人情報を取得してはならない。人種，信条，社会的身分などの「要配慮個人情報」を本人の同意なく取得してはならない。第三者からのデータ提供も適法かつ公正な手段によらなければならない。 ［3］利用制限の原則 目的の範囲を超えて利用する場合は本人の同意が必要。プロファイリング結果を第三者に提供する際や，警察からプロファイリング結果の提出を求められた場合など，具体的な事例を想定して対応方法を定めておく。
データを解析 する	目的に沿った解析手法を選択し，可視化や分析を行う。	・設計段階で対象としたデータセットのサンプル数や偏りが解析結果に影響を及ぼしていないかチェックする。	［5］正確性，最新性，公平性原則 プロファイリングなどを実施する場合，元データと処理結果，双方の正確性と最新性を確保する。データセットの偏向が結果に影響を及ぼしていないかをチェックし，可能な限りデータセットの公平性を保つ。
施策を行う	解析によって得られた内容を用いて，人事施策を行う。	・意思決定には人間の介在要否を検討する。 ・申立てに対応できる手続きと合理的説明を用意する。	［9］人間関与原則 採用・評価・懲戒処分・解雇などにピープルアナリティクスやHRテクノロジーを利用する際には，人間の関与の要否を検討する。HRテクノロジーの利用方針は事前に人間によって決定し，不服申立てがあった場合の人間による再審査なども想定しておく。 ［7］アカウンタビリティの原則 プロファイリングの実施方針などは，労働者を代表する個人または団体（組合など）と協議する。個人データの開示・訂正・利用停止・苦情処理の手続きを整備する。採用や評価にプロファイリングを用いる場合，その説明や程度について検討する。プロファイリングを用いて採用拒否や懲戒解雇を行う場合には，客観的・合理的理由を示さなければならない。
運用する	データ保管や施策を継続して行っていく。	・漏洩などリスクに対して対応措置を行う。 ・責任の所在を明確にする。 ・一度作ったモデルや施策の影響をモニタリングし，改善し続ける。	［6］セキュリティ確保の原則 プロファイリング結果の漏洩による権利侵害など，リスクに応じた安全管理措置（匿名化・仮名化処理など）を実施する。特に心身の健康情報については，取扱い範囲の制限，情報の削除・加工などを検討すべき。 ［8］責任所在明確化の原則（責任者／基準／ルールを設ける） ピープルアナリティクス専門部署の設立，人事データに責任を持つ役職の選任などにより，責任の所在を明確にし，審査の厳格化，データ利活用に関する判断基準やルールの整備を実施する。

出所：一般社団法人ピープルアナリティクス＆HRテクノロジー協会「人事データ利活用原則」を参考に，筆者作成

◎本章で参照・引用している文献や情報ソース

各種ガイドライン等は，以下のサイトをご参照ください。

- AI 利活用ガイドライン：総務省のサイト

  https://www.soumu.go.jp/menu_news/s-news/01iicp01_02000081.html

- GDPR：個人情報保護委員会のサイト

  https://www.ppc.go.jp/enforcement/infoprovision/laws/GDPR/

- 人事データ利活用原則：ピープルアナリティクス＆ HR テクノロジー協会のサイトより，同協会にリクエスト

  https://req.qubo.jp/pahrtech/form/HRDataUtilizationPrinciples

おわりに

　本書では，人事業務の中で人事データを活用する考え方とともに，分析例をご紹介しました。少しでも，「自分の所属する会社や組織でも使えそうだから，試してみよう」と思っていただけるものがあれば幸いです。

　分析のアプローチは，抽象化すれば，「差を見る」，「関連性を見る」，「似たもの同士で分類する」，「予測する」などです。それを実現するための方法は，本書で主に例示した統計解析の手法もあれば，より精緻な統計解析の手法，そして機械学習など，さまざまです。

　昨今の機械学習のように，分析手法は日々進化しています。しかし，根本にあるアプローチ自体が大きく変わっているわけではありません。よって，ご自身の「データ活用の目的」を，「差を見る」や「予測する」というアプローチを組み合わせて実現するためのシナリオを描く，まずはそれを大切にし，実践してください。本書が，その一助となることを願っております。

　また，本書では第3章を中心に，学術界の知見の活用についても言及しました。私も所属する，一般社団法人ピープルアナリティクス＆HRテクノロジー協会でも，2020年度は「実務と学術の橋渡し」が一つの中心テーマとなっていました。自社なりの仮説を考える際にも，土台となる良質な研究は数多くあるので，ぜひ学術研究にも目を向けてみてください。小社の機関紙『RMS Message』https://www.recruit-ms.co.jp/research/journal/ でも，毎号テーマごとに学術研究のレビューを行っていますので，よろしければ一度御覧ください。

　本書が，皆さんの所属する企業・組織の人事施策の質の向上につながり，従業員や入社希望者の方々のよりよい経験につながることを心より祈っております。

　最後となりますが，本書は，実践の場を提供くださった企業の皆さん，良質

な先行知見を生み出されている学界の皆さん，ピープルアナリティクス＆ HR
テクノロジー協会のメンバーをはじめとする志を同じくする仲間，会社の同僚
に支えられて完成したものです。皆さんに心より御礼申し上げます。特に，企
画や校正の段階で貴重な意見を数多く示してくださった同僚の川越未紀さん，
ガイドライン事例の掲載に快諾くださった株式会社人的資産研究所代表取締役
の進藤竜也さん，そして執筆に伴走くださった中央経済社の市田由紀子さんに，
この場を借りて改めて御礼申し上げます。

2021年 3 月

著者を代表して　入江崇介

索　引

【編著者紹介】

入江　崇介　（いりえ　しゅうすけ）　　　　　　第1章，第5章，第6章担当

株式会社リクルートマネジメントソリューションズ
HR Analytics & Technology Lab 所長

2002年入社後，適性検査や従業員意識調査の開発，多面評価に関する研究，企業の人事制度の実態調査，および人事データ活用のコンサルティングなどに携わる。2018年より現職。一般社団法人ピープルアナリティクス& HR テクノロジー協会上席研究員。
著書に，『人事のためのデータサイエンス―ゼロからの統計解析入門―』（中央経済社，2018年），『ピープルアナリティクスの教科書―組織・人事データの実践的活用法―』（共著，日本能率協会マネジメントセンター，2020年）など。
東京大学教養学部卒業，同大学大学院総合文化研究科広域科学専攻修了。修士（学術）。

【著者紹介】

園田　友樹　（そのだ　ともき）　　　　　　　　　第7章担当

株式会社リクルートマネジメントソリューションズ
測定技術研究所　所長

2007年入社後，SPI をはじめとした採用領域の営業に従事。その後，アセスメント商品の開発に携わる。商品開発や品質管理，測定技術研究組織のマネジメントを経て，2018年より現職。入社後のサービスを含めたアセスメント・サービス事業部門の責任者も務める。

仁田　光彦　（にた　みつひこ）　　　　　　　　　第2章担当

株式会社リクルートマネジメントソリューションズ
測定技術研究所マネジャー　兼　主任研究員

2009年入社後，一貫して採用領域に携わり，若手の適応やメンタルヘルス領域についての研究を行う。2010年より開発職として採用時のアセスメント開発，品質管理を担当。2018年より現職。

宮澤　俊彦　（みやざわ　としひこ）　　　　　　　第3章，第4章担当

株式会社リクルートマネジメントソリューションズ
コンサルティング部　シニアコンサルタント

2007年入社後，人事企画・人材開発領域のアセスメント商品の開発や品質管理業務に従事する傍ら，研究，研修も含めたソリューション企画，カスタマーサクセス活動も担い，顧客起点での知見の確立と還元に取り組む。入社後領域のアセスメント・サーベイの開発組織のマネジメント等を経て，2021年より現職。

湯浅　大輔　（ゆあさ　だいすけ）　　　　　　　　第2章，第7章担当

株式会社リクルートマネジメントソリューションズ
HR Analytics & Technology Lab マネジャー

2009年入社後，SPI をはじめとした採用領域の営業・コンサルティングに従事。その後，2013年よりアセスメント・サービス開発に携わる。主に人事データ解析を専門とし，クライアントから委託されたデータ解析や，ソリューション開発を担う組織のマネジメントを経て，2021年より現職。

─【会社紹介】─────────────────

株式会社リクルートマネジメントソリューションズ

重要な経営資源である「個と組織」に焦点をあて，経営・人事課題の解決と，事業・戦略の推進を支援するリクルートグループのプロフェッショナルサービスファーム。
4つの事業領域において，4つのソリューション手法をかけあわせて，経営・人事課題の解決を支援している。

　＜事業領域＞
　　人材採用，人材開発，組織開発，制度構築
　＜ソリューション手法＞
　　アセスメント，トレーニング，コンサルティング，HR アナリティクス

ブランドスローガンに「個と組織を生かす」を掲げ，そこには「一人ひとりのあるがままの個性を見つめ，発揮を促すことが組織の力になる」という思いが込められている。事業やサービスは社会の変遷とともに形を変えているが，その中心には，創業以来の「常に人と組織の可能性を信じ続ける精神」がある。

人事データ活用の実践ハンドブック

2021年5月10日　第1版第1刷発行

編著者	入　江　崇　介
	㈱リクルートマネジメント ソリューションズ
著　者	園　田　友　樹
	仁　田　光　彦
	宮　澤　俊　彦
	湯　浅　大　輔
発行者	山　本　　　継
発行所	㈱ 中 央 経 済 社
発売元	㈱中央経済グループ パ ブ リ ッ シ ン グ

〒101-0051　東京都千代田区神田神保町1-31-2
電　話　03(3293)3371(編集代表)
　　　　03(3293)3381(営業代表)
https://www.chuokeizai.co.jp
印刷／東光整版印刷㈱
製本／侑井上製本所

©2021 Recruit Management Solutions
Co., Ltd. All Rights Reserved.
Printed in Japan

＊頁の「欠落」や「順序違い」などがありましたらお取り替えいたしますので
　発売元までご送付ください。(送料小社負担)

ISBN978-4-502-38261-1 C3034

JCOPY〈出版者著作権管理機構委託出版物〉本書を無断で複写複製(コピー)することは,
著作権法上の例外を除き,禁じられています。本書をコピーされる場合は事前に出版者著作
権管理機構(JCOPY)の許諾を受けてください。
　　JCOPY〈http://www.jcopy.or.jp　eメール：info@jcopy.or.jp〉